中职生人际交往

主　编◎陈广和　王峻峰　秦玉明

副主编◎陶斯梅　陈　芬　谢虎山

参　编◎莫　愁　谢琼燕　丁宗鹃

　　　　蔡扬军　李　娟　马海波

北京理工大学出版社

BEIJING INSTITUTE OF TECHNOLOGY PRESS

内 容 简 介

本书旨在帮助中职生解决诸多人际交往中的问题，有针对性地培养其驾驭人际关系的能力，使他们有意识、有目的地协调好身边的各种人际关系，做知识丰富、全面发展的人，做了解社会、善于处世的人，做思维活跃、领先潮流的人。本书共分为三个模块，包含中职生人际交往的三个主要方面：构建良好人际关系、有效沟通和同理心。本书充分尊重中职生的学习主体地位，以丰富的课堂活动、趣味游戏、小组合作为主要形式，教育中职生如何与不同的人沟通、人际交往中应该掌握的技巧以及沟通中如何扫除不利的心理障碍，让中职生在轻松愉悦的活动中了解沟通的方法与技巧，养成主动与人沟通的好习惯，领悟沟通的魅力。

本书内容深入浅出，给专业人员提供了一个非常好的范本，有助于学校心理健康教育工作者、班主任、思政教师以及心理咨询师等心理工作者更好地开展人际关系辅导。

图书在版编目（CIP）数据

中职生人际交往 / 陈广和，王峻峰，秦玉明主编
. -- 北京 : 北京理工大学出版社 , 2023.8
ISBN 978-7-5763-2785-4

Ⅰ . ①中… Ⅱ . ①陈… ②王… ③秦… Ⅲ . ①人际关系－中等专业学校－教材 Ⅳ . ① C912.11

中国国家版本馆 CIP 数据核字 (2023) 第 160195 号

责任编辑：徐艳君　　　　文案编辑：徐艳君
责任校对：周瑞红　　　　责任印刷：边心超

出版发行 / 北京理工大学出版社有限责任公司
社　　址 / 北京市丰台区四合庄路 6 号
邮　　编 / 100070
电　　话 / （010）68914026（教材售后服务热线）
　　　　　　（010）68944437（课件资源服务热线）
网　　址 / http：//www.bitpress.com.cn

版 印 次 / 2023 年 8 月第 1 版第 1 次印刷
印　　刷 / 定州启航印刷有限公司
开　　本 / 889 毫米 ×1194 毫米　1/16
印　　张 / 9
字　　数 / 173 千字
定　　价 / 29.00 元

Preface
前言

　　人际关系指的就是人与人之间的关系。人在社会中不是孤立的，人的存在是各种关系发生作用的结果，人正是通过和别人发生作用而发展自己、提高自己，进而实现自身价值。人际交往是人类社会中不可缺少的组成部分，人的许多需求都是在人际交往中得到满足的。如果人际关系不顺利，就意味着心理需求被剥夺，或满足需求的愿望受挫折，因而会产生孤立无援或被社会抛弃的感觉；反之，则会因有良好的人际关系而得到心理上的满足。

　　人际交往是人与人之间为了达到交换意见、传递思想、表达感情和需求的目的而运用语言或非语言符号相互作用的过程。卡耐基发现，一个人事业的成功，85%取决于良好的人际关系，15%取决于专业知识。可见，良好的人际关系在一个人一生中占据着重要地位。中职生是一个特殊的群体，他们在生理、心理及社会性方面都进入了一个新的发展阶段，如何很好地融入社会、更好地和周围的人交往等一系列问题都困扰着他们。中职教育是面向社会的就业教育，培养的学生毕业后直接进入社会，因此在学校培养他们的人际交往能力，有利于他们进入社会后能很快学会与他人合作交流，从而更好地适应社会。

　　本书针对中职生人际交往的特点，共设置了三个模块，每个模块设定了一个主题进行详细介绍。第一个模块为构建良好人际关系，从融洽人际关系、人际交往、异性交往、人际冲突等方面展开论述；第二个模块为有效沟通，主要介绍了沟通的概念以及同学之间、团队合作、师生之间和亲子之间的沟通技巧，帮助中职生正确对待不同类型的人际关系，选择合适的方式与人沟通；第三个模块为同理心，首先介绍了同理心的相关理论，其次从倾听与表达、换位思考、共情能力等方面培养中职生的同理心。三个模块由浅入深，层层深入，帮助中职生学习构建良好人际关系，学会换位思考，达到有效沟通。

中职生人际交往不是一门单纯的知识性课程，而是一门内容丰富、形象生动的课程，包括体验式的参与活动、小组头脑风暴行动、贴近生活和学习的情景剧表演、趣味心理测试以及人际交往提升训练营。在轻松愉悦的活动中，在和谐快乐的氛围中，让中职生学习人际交往技能，提升中职生人际交往的技能水平。因此，本书在给予中职生人际交往指导的时候，编者并不注重于给中职生一个正确的结论，而旨在指导中职生怎样学会去自我认知。中职生能够通过这本书对人际交往有一个全新的认识，进而能够顺利与人沟通和交往，克服沟通障碍，充分发挥自身潜力，这才是本书编者所希望达到的目的。

本书在编写过程中，参考了国内外有关文献资料，并借鉴了其中许多研究成果，在此，本人一并向原作者表示深深的感谢。

由于编写时间紧，经验不足，书中难免存在纰漏，恳切希望广大师生提出意见和建议，使之不断完善和提高。

编　者

Contents
目录

模块一

构建良好人际关系

模块导言

心理学研究表明，在正常情况下，一个人除了几个小时的睡眠，其余70%以上的时间花在人与人之间直接或间接的交往上。由此可见，人一生的成长、发展都离不开人际交往，谁能处理好人际关系，他的成功机会就会大增。因此，学会与人交往，构建良好人际关系是个人成长不可缺少的内容，也是我们学习的任务之一，是一门意义重大的功课，这门功课虽不在考试学习的科目之列，却会考我们一辈子。

人际交往的水平是一个人心理健康水平、社会适应能力的综合体现，中职生处于自我意识发展的重要阶段，随着自我意识的不断增强，他们在人际关系方面的问题也日益突出，因此，对中职生进行人际交往能力的培养尤为重要。

本模块基于中职学生的实际需要，采用参与式体验、团体心理辅导、情景剧表演、趣味心理测评、个案研究等丰富多彩的活动，帮助中职生解决人际交往中遇到的问题，建立良好的人际交往能力。

知识导图

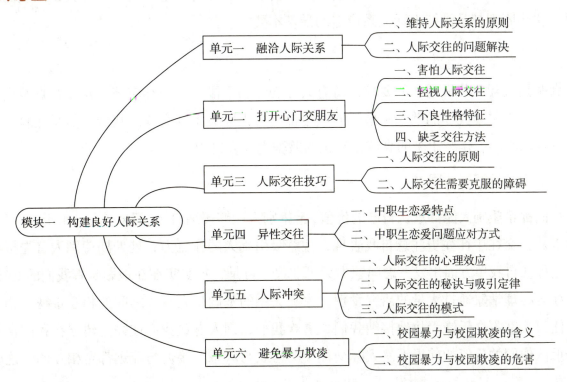

单元一　融洽人际关系

学习目标

1. 帮助学生认识人际交往的要点，并学会维系人际关系。
2. 帮助学生正确对待与身边人的交往，健全学生的人格。

知识储备

一、维持人际关系的原则

人人都希望自己能有一个美好的人际关系世界，都希望能多拥有一些朋友，并与他们保持真挚的友谊。尽管每个人可能都有不同的交往动机，对朋友的要求与期望也不尽相同，但是，心理学家仍然从研究中得出了帮助人们赢得朋友、保持友谊，避免人际关系破裂的一般原则，这些原则都是维持人际关系稳定的最基本要求。

（一）真诚

真诚是人际交往最基本的要求，所有人际交往的手段、技巧都应该是建立在真诚交往的基础之上的。尔虞我诈的欺骗和虚伪的敷衍都是对人际关系的亵渎。真诚不是写在脸上的，而是发自内心的，伪装出来的真诚比真正的欺骗更令人讨厌。

（二）人际相互作用

我们都希望别人能够承认自己的价值，希望别人能够接纳自己、喜欢自己。出于这个目的，我们在社会交往中往往更注意自我表现，注意吸引别人的注意力，处处期待别人首先接纳自己。这种从自我单方面出发考虑问题本无可非议，可是它却实实在在地影响着我们的交往。

社会心理学家通过大量的研究发现，人际关系的基础是人与人之间的相互重视、相互支持。任何人都不会无缘无故地接纳我们、喜欢我们，别人喜欢我们往往是建立在我们喜欢他们、承认他们的价值的前提下。人际交往中的喜欢与厌恶、接近与疏远都是相互的，这就是人际交往中的互动原则。我们在人际关系的建立与维护中，必须首先注意人际互动的原则，首先去接纳别人、喜欢别人。记住一句话："爱人者，人恒爱之；敬人者，人恒敬之。"

（三）让别人觉得与你交往值得

人际交往在本质上是一个社会交换的过程。长期以来，人们最忌讳将人际交往和交换联系起来，认为一谈交换，就很庸俗，或者亵渎了人与人之间真挚的感情，这种想法大可不必。其实，我们在交往中总是在交换着某些东西，或者是物质，或者是情感，或者是其他。人们都希望这种交换对于自己来说是值得的，希望在交换过程中得大于失或至少等于失；对于自己来说不值得的交换，例如失大于得的人际关系，人们就倾向于逃避、疏远或中止。

正是交往的这种社会交换本质，要求我们在人际交往中必须注意，让别人觉得与我们的交往值得。无论怎样亲密的关系，都应该注意从物质、感情等各方面"投资"，否则，原来亲密的关系也会转化为疏远的关系，使我们面临人际交往困难。

（四）维护别人的自尊心

人有脸，树有皮。每一个人都有自尊心，都希望别人的言行不伤及自己的自尊心。自尊心的高低是以自我价值感来衡量的。自我价值感强烈，则自尊心水平较高；自我价值感不强，则自尊心较低。大量的心理学研究证明，任何人在人际交往过程中都有明显的对自我价值感维护的倾向。人的自我价值感主要来自人际交往过程中他人对自己的反馈，因此，他人的评价在人的自我价值感确立方面具有特殊的意义。他人的肯定会增加我们的自我价值感，而他人的否定则会直接威胁到我们的自我价值感。因此，我们对来自人际关系世界的否定性信息特别敏感，他人的否定会激起强烈的自我价值保护倾向。根据上述原理，心理学家强调，我们在同他人交往时，必须对他人的自我价值感起积极的支持作用，维护他人的自尊心。如果我们在人际交往中威胁了他人的自我价值感，那么会激起他人强烈的自我价值保护动机，引起他人对我们的强烈拒绝和排斥情绪。此时，我们是无法同他人建立良好的人际关系的，已经建立起来的人际关系也可能遭到破坏。需要指出的是，强调维护他人的自尊心，并不意味着在人际交往中需要处处逢迎他人，在不危及他人自尊心的情况下，陈述与他人不同的意见，或者委婉地指出他人的不足是不会影响人际交往的。

以上几点是人际交往的基本原则，运用和掌握这些原则，有利于处理好人际关系。熟练地掌握人际交往中基本的交际和沟通技巧，并具有宽容、信任、友爱、诚恳、谦虚、尊重、忍让等良好的品质，同时正确认识自己、把握自己，就能够构建良好的人际关系。

二、人际交往的问题解决

心理学家的研究表明，人们在交往过程中之所以会出现各种各样的心理问题，往往是因为人们不正确的交往态度造成的。造成人际交往心理问题的原因是多方面的：一是受到错误的思想观点影响，对人际交往缺乏正确的认识；二是个性上的缺陷；三是以往生活中遭到挫折，造成心理创伤；四是缺乏人际交往的经验。在我们日常生活、学习中出现一些人际交往的困难和不适应是难免的，也是正常的，但是人际关系出现严重失调的学生，往往是因为存在着认知障碍、个性缺陷或者其他严重心理障碍，这时就应当根据自己的问题进行有针对性的解决。

（一）消除同学之间误会的策略

同学之间发生误会，在所难免，有些误会时间一长也就淡忘了，但是有些误会却是难以消除的，如果不加以说明，就会使人耿耿于怀，这不仅会影响同学之间的友谊，同时对个人的身心健康和全身心地投入学习也会产生不利的影响。对于这种误会要主动地去说明并加以消除，那么就应当做到：

（1）气量宽宏：对于那些错怪了自己的同学，不要怀恨在心，误会总是意味着双方存在着某种隔阂，只要双方坦诚相待，误会就会烟消云散了。

（2）心地坦然：只要不是你自己的错误，不妨坦然置之，随着时间的推移，是非终有定论，将问题给以"冷处理"。

（3）对症下药：消除误会，应当根据具体的情况给以正确的态度。

（4）寻根溯源：误会发生后，应当冷静地去思考误会产生的根源，找到症结所在。

（二）克服害羞心理的策略

害羞心理是指在交往过程中过多地约束自己的言行，以致无法充分地、自由地表达自己的思想和感情，阻碍了人际关系正常发展的一种病态心理。这类同学性格内向，言语不多，对外界怀有一种胆怯的心理，言谈举止极其谨慎，缺乏主动性，不敢和别人接触和交往。害羞的原因有两种情形：第一，自幼受到封闭式教育，缺乏必要的社交训练。第二，经受过多的挫折而过于胆小怕羞，在与他人正常的交往过程中易产生紧张、拘束乃至尴尬的心理状态，给自己造成不必要的心理压力。在与异性或陌生人交往时表现得更加突出，如面红耳赤心直跳。害羞心理阻碍了正常的人际交往，妨碍了友谊的深化，使人产生性格上的软弱与冷漠。害羞在中职生中是较为普遍的心理现象，究其原因，有的属先天因素，有的属后天因素。先天因素主要与人的神经活动类型或生理缺陷有关，但这种因素的影响是非常有限的；更多的是后天因素所致，而且大多数是可以克服的。

那么，怎样才能克服自己胆子过小、害羞的问题呢？

1. 充满信心

许多害羞者是由于自以为不如别人而自惭形秽，觉得低人一等。其实，尺有所短、寸有所长，我们每个人都会有自己的长处。对于那些因自愧弗如而羞于交往的学生来说，一定要端正对自己的认识，将目光转向自己的长处，克服自卑心理，树立信心，相信"天生我材必有用"，尽可能扬长避短，正视自己的弱点，同时要勇于弥补、克服不足，相信通过自己的不懈努力是可以改变不理想的现实，取得进步的。战国时，秦国军队围攻赵国都城邯郸，赵国派平原君到楚国求救，平原君的门下食客毛遂非常自信，自我推荐，要求前往，结果他劝说楚王同意援救赵国。后人就用"毛遂自荐"来比喻自告奋勇，自我推荐。

2. 不怕议论

在实际生活中，我们的一举一动有可能引起别人的议论，同时我们每个人也可能议论过别人，这是非常正常的。可我们有些人常在听到有人议论自己时就不舒服、气愤或害怕。一旦害怕，各种不必要的顾虑就油然而生；与人交往时就会心有余悸，不能自如发挥，感到害羞；结果就会越怕越羞，越羞越怕，形成恶性循环。对于别人的议论，应该视为常态，不必大惊小怪，过于计较。需要坦然、理智地对待，冷静地分析，有则改之，无则加勉。将别人的否定性评价当作激励自己的动力，培养一定的心理承受力，遇挫不折，遭败不馁。设想一下，在年轻时屡试不第的蒲松龄，如果因此而气馁，还会给我们留下名著《聊斋志异》吗？

3. 丰富知识

要注意扩大知识面，有意识地去阅读一些有关社交知识的书籍，了解和掌握一些社交活动的基本知识和技能，这样在与各种各样的人交往时就不会因为知识面过分狭窄而受窘。

4. 大胆参与社会生活，在实践中锻炼胆量、克服害羞

一个人的胆量是锻炼出来的。多与人交往，敢于出丑，才会少出丑，达到不出丑。经过挫折，积累了经验就会更加聪明起来，正所谓"吃一堑，长一智"。否则，天天躲在家里，成为套中人，那么害羞之心就难以消除。

5. 掌握技巧和方法

在社交场合中，如何待人接物，如何引出话题，如何使谈话继续或中止，如何阐明自己的见解等，确实是有一些技巧的，这些技巧除了可以从书本上学习，更主要的是在交往实践中学习。如：先接触熟悉的人，先在小一点的场合争取机会表现自己，多参加小组讨论发言，再到班上、学校，循序渐进。进行积极的自我暗示，自我鼓励，如："这有什么值得怕羞的？

人家敢，我当然也敢，大家都是人。"大胆地与他人进行交流。在台上讲话时，要有意识地看着那些对你感兴趣的听众，不要受那些鄙视者的影响。发言时，要胸有成竹，理直时气就要壮一点，把该说的都大胆地说出来。该做的事，有人议论也要硬着头皮做完并且做好，事后注意听一些肯定的话语，以增强自信。还可有意观察和模仿一些活跃开朗、善于交际、胆子较大的人的言谈举止，用以对照自己的不足并加以克服。同时学习并掌握待人接物、谈话、交往、表达意见、当众演说的技巧，自己创造条件进行锻炼。这样胆量就能慢慢大起来，害羞的心理也就淡化了。

我们都希望自己能讨人喜欢，与他人保持亲切、友好、和谐的关系，那么怎样才能与同学、老师、兄弟姐妹及社会上各种各样的人处理好关系呢？怎样才能具有人际吸引的魅力，招人喜欢？如何才能寻觅到知心的朋友？这是许多学生感兴趣的问题。而要想达到这一目的，需注意以下几个方面：

（1）真诚地关心别人。每个人都希望得到别人的关心，你关心别人，别人才会礼尚往来关心你。这就为建立良好的人际关系奠定了基础。

（2）改变自己在性格、习惯等方面的毛病。如：改变清高、气傲、狭隘、自私、吝啬、刻薄及令人讨嫌的举动；避免卖弄自己、夸夸其谈、目中无人、唯我独尊的习惯与观念；改变自己的一些所谓"小节"，如爱打听别人的隐私、爱多嘴多舌、乱翻别人的东西等。

（3）了解别人，能宽容、接纳别人，真诚地从心底里将别人视为朋友。对别人的一些非原则性的不足与毛病能加以理解、宽容，并用适当的方法帮助别人弥补和纠正。应待人随和，平易近人，讲究文明礼貌，笑脸待人，也就是要学会微笑外交，习惯在与人交往时真诚地微笑，从而消除别人对你的疏远与恐惧，给人以温暖亲切之感。

（4）加强与人的沟通和交往。要想让别人理解你、喜欢你，首先要让别人了解你，包括你的一般情况、人品、双方较接近的特点，以及你希望与之交往成为知心朋友的愿望。这就需要与人适度交往，实现心灵的互通。可在学余时间找人聊聊天、谈谈心，玩一玩，从而创造更多相互了解的机会。

（5）注意自己的形象，加强自身的修养。与陌生人交往时，注意在外表方面给人留下良好的第一印象，如服饰整洁，形成与你继续交往的吸引力，使之产生相见恨晚之感，进而与你深交。

（6）善于称赞。赞美的话语最能激起别人的自尊心，这也是每个人都追求的价值感。宜多注意发现别人的长处，真诚地称赞与肯定，从而获得别人的好感。但赞美也得注意方法、方式，以免弄巧成拙，特别是要防止虚伪与阿谀之辞。

（7）多多帮助别人，助人为乐。如在学习上帮助某门学科有困难的同学；自己有好的书就主动借给别人；别人有求于你时，尽心尽力地予以帮助，特别要注意"雪中送炭"。这样，你投之以桃，别人就会报之以李，自然就会有更多的人喜欢你了，你也不会再感叹知音难觅，会发现天涯处处有朋友。

单元活动

1.活动主题

融洽人际关系。

2.活动目的

（1）人际破冰，融洽气氛。
（2）促进学生尽快认识班级成员或对其有更多的了解。
（3）帮助学生掌握人际交往技巧。

3.活动方法

（1）团体游戏。
（2）小组讨论。
（3）趣味测试。

4.活动程序

活动 （40分钟）	步骤	活动资源
导入环节 （5分钟）	1.让学生自学"一、人际关系相处原则"。 2.学生阅读后，提问： （1）人际交往应该具备哪些素质？ （2）你能否维持良好的人际关系？	附件1
活动设计 （25分钟）	一、大风吹 全体学生围成圈，教师立于中央。 教师指导语："如果我说大风吹！吹戴手表的人，则凡是戴手表者，均要移动，互换位置并站好。"所有符合条件的人都必须调换位置。 备选环节：在接下来的跑动里，可以有一名协助者随机抢站学生位置，最终会余下一位学生，请他站到教师身边，并询问他："现在心里有什么感受，为何自己会被剩下？" 备注：可"吹"的条件可以是戴手表的人、穿某颜色衣服的人……	教师指导，全体学生参与

活动 （40分钟）	步骤	活动资源
活动设计 （25分钟）	二、小风吹 全体学生围成圈，教师立于中央。 教师指导语："如果我说小风吹！吹短头发的人，则凡是长发者，均要移动，互换位置并站好。"所有符合条件的人都必须调换位置。 备注：可"吹"的条件同上，"大风吹"和"小风吹"可同时交叉进行。 三、滚雪球 1. 全体学生以6～8人为一组分成若干小组，可报数分组。 2. 各小组选定一个固定区域为自己的位置，围坐成一个圆圈。按顺时针方向，从某个同学（比如A）开始介绍自己，要求： （1）先用一句话介绍自己，这句话中必须包含两个信息——姓名以及自己与众不同的特点，比如A说"我是活泼好动的A"。 （2）A同学介绍完以后，顺时针的B同学应首先介绍自己前面已经做过介绍的A同学，接着再介绍自己。例如，B同学介绍："我是坐在活泼好动的A旁边的开朗的B。"以此类推。 （3）在某个同学自我介绍的过程中，其他学生都要努力记住该学生的名字。 3. 当"滚雪球"完成后，小组的其他学生依次向A同学提一个关于个人信息的问题，要求提的问题不能与前面同学提的问题重复。对于其他学生提的问题，A同学可以不回答，如"请允许我保留这个问题"，但不能说谎。当小组的所有学生都问完一个问题后，A同学旁边的下一个B同学再开始依次回答问题。 4. 所有学生都介绍完自己后，教师引导学生进行思考和讨论： （1）在刚才的游戏中，你记住了所有人的名字吗？你一共记住了几个人的名字？ （2）你采用了哪些方法来记住别人的名字？你为什么没能记住别人的名字？ （3）当别人准确地说出你的名字时，你内心的感受如何？当别人叫不出你的名字时，你的感受又如何？ 备注：如果在班级里大家已经记住了各自的名字，可以将名字换成他人的"特点"。	教师指导，全体学生参与

活动 （40分钟）	步骤	活动资源
活动设计 （25分钟）	5. 活动小结： （1）准确地记住他人的名字是与陌生人交往的第一个技巧，因为它表达了你对他人的关心和重视。 （2）记住他人名字的方法：提问法、重复法、联想法等。 四、许愿精灵 1. 各小组内按逆时针顺序让每个学生将下面两个句子补充完整，以明确每个学生参加团体的动机和对团体的期望。 （1）我加入团体的希望是：＿＿＿＿＿＿＿＿＿ ＿＿＿＿＿＿＿＿＿＿＿＿＿＿＿＿＿＿＿＿＿ （2）我希望我们的团体是：＿＿＿＿＿＿＿＿＿ ＿＿＿＿＿＿＿＿＿＿＿＿＿＿＿＿＿＿＿＿＿ 2. 教师分析学生对团体的错误期待和认识，说明团体的功能和目的。	教师指导，全体学生参与
活动总结 （5分钟）	人际关系在中职生的发展和社会适应中起着重要作用，所以要促进中职生正常的人际交往。提高适应能力是提高心理素质的一个重要目标。不良的人际关系可能导致自卑感、孤独感、学校适应困难等问题，甚至会对以后的社会适应造成消极影响。	多媒体教学平台
自我反思 （5分钟）	1. 今天我学到的是：＿＿＿＿＿＿＿＿＿＿＿＿＿＿＿ 2. 这次活动给我印象最深的是：＿＿＿＿＿＿＿＿＿ 3. 这次活动给我的感受是：＿＿＿＿＿＿＿＿＿＿＿ 4. 我想对老师说：＿＿＿＿＿＿＿＿＿＿＿＿＿＿＿	多媒体教学平台

5. 活动建议

活动	建议
大风吹 小风吹	本活动的设计旨以活动和体验为主要教学内容，指导学生从小处做起，掌握建立良好人际关系的方法。整个过程让学生多想、多动、多参与、多感悟，力求学生自悟自得，体现心理教育以学生为主体的原则。
滚雪球	1. 每组学生不能太多，多了以后学生就无法记住。 2. 每一组的学生如果没有回答上来，要大声向全班同学说："对不起，是我的错。"这可以加强学生的荣辱感和勇于承担责任的良好品行，为班级的团结打下基础。 3. 大家在欢快的气氛中通过不断强化，尽快熟悉彼此。最后教师引导学生谈谈活动体会，看哪位同学通过活动准确记住的同学信息最多。
许愿精灵	教师在澄清学生的错误时，要采用纠正的方式，不要否定学生的期待。

6.活动延伸

活动	内容	建议
填写"人际关系测试量表"（附件1-1）	通过答测试题的形式测试学生的人际交往情况。请学生根据自己的实际情况对测验的题目进行作答。	学生代表将作答后的测量表收集起来交给教师。教师根据学生的作答情况进行分析，根据学生人际交往的共性问题以班会的形式进行疏导，针对个别学生的人际交往问题，再进行针对性指导。
阅读"知识储备"之"二、人际关系的问题解决"	在我们日常生活、学习中出现一些人际交往的困难和不适应是难免的，也是正常的，但是人际关系出现严重失调的同学，往往是因为存在着认知障碍、个性缺陷或是其他严重心理障碍，这时就应有针对地解决自己存在的问题。	建议学生自行阅读，解决自己在人际交往中遇到的障碍。

7.活动资源

附件1-1　人际关系测试量表

本测验共有36道题目。请你根据自己的实际情况，对每一个问题作出回答。符合你的情况，则把该问题后面的"是"圈出来；不符合你的情况，则把该问题后面的"否"圈出来。

1.你平时是否关心自己的人缘？　　　　　　　　　　　　　　　是　否

2.在食堂里你一般是独自吃饭吗？　　　　　　　　　　　　　　是　否

3.和一大群人在一起时，你是否会产生孤独感和失落感？　　　是　否

4.你是否时常不经同意就使用他人的东西？　　　　　　　　　　是　否

5.当一件事没做好，你是否会埋怨合作者？　　　　　　　　　　是　否

6.当你的朋友有困难时，你是否时常发现他们不打算来求助你？　是　否

7.假如你的朋友们跟你开玩笑过了头，你会不会板起脸，甚至反目？　是　否

8.在公共场合，你有脱掉鞋子的习惯吗？　　　　　　　　　　　是　否

9.你认为在任何场合下都不应该隐瞒自己的观点吗？　　　　　　是　否

10.当你的同学或朋友取得进步或成功时，你是否真的为他们高兴？　是　否

11. 你喜欢拿别人开玩笑吗？ 是　否

12. 和自己兴趣爱好不相同的人在一起时，你会感到兴味索然、无话可谈吗？ 是　否

13. 当你住在楼上时，你会往楼下倒水或丢纸屑吗？ 是　否

14. 你会经常指出别人的不足，要求他们去改进吗？ 是　否

15. 当别人在融洽地交谈时，你会贸然打断他们吗？ 是　否

16. 你是否关心和常谈论别人的私事？ 是　否

17. 你善于和老年人谈他们关心的问题吗？ 是　否

18. 你讲话时常出现一些不文明的口头语吗？ 是　否

19. 你是否常做出一些言而无信的事？ 是　否

20. 当有人与你交谈或对你讲解一些事情时，你是否时常觉得很难聚精会神听下去？

是　否

21. 当你处于一个新的集体中时，你会觉得交新朋友是一件容易的事吗？ 是　否

22. 你是一个愿意慷慨地招待同伴的人吗？ 是　否

23. 你向别人吐露自己的抱负、挫折以及个人的事情吗？ 是　否

24. 告诉别人一件事情时，你是否试图把事情的细节都交代得很清楚？ 是　否

25. 遇到不顺心的事，你会精神沮丧、意志消沉，或把气出在家里人、朋友身上吗？

是　否

26. 你是否经常不经思索就随便发表意见？ 是　否

27. 你是否注意赴约前不吃大蒜、大葱以及防止身带酒气？ 是　否

28. 你是否经常发牢骚？ 是　否

29. 在公共场合，你会很随意地喊别人的绰号吗？ 是　否

30. 你关心报纸、电视等信息渠道的社会新闻吗？ 是　否

31. 当你发觉自己无意中做错了事或伤害了别人，你是否会很快承认错误或道歉？

是　否

32. 闲暇时，你是否喜欢跟人聊聊天？ 是　否

33. 你跟别人约会时，是否常让别人等你？ 是　否

34. 你是否有时会与别人谈论一些自己感兴趣的话题？ 是　否

35. 你有逗乐儿童的方法吗？ 是　否

36. 你平时告诫自己不要说虚情假意的话吗？ 是　否

计分与评价：

请把你的答案和下面的答案逐个对照。

1.是　2.否　3.否　4.否　5.否　6.否　7.否　8.否　9.否　10.是　11.否　12.是　13.否　14.否　15.否　16.否　17.是　18.否　19.否　20.否　21.是　22.是　23.是　24.否　25.否　26.否　27.是　28.否　29.否　30.是　31.是　32.是　33.是　34.否　35.是　36.是

如果某道题你圈的答案与上面所列的答案相同，就得 1 分；如果不相同，就不得分；把全部得分加起来，得分越高，表示你的人际关系越好，最高得分为 36 分。

单元二　打开心门交朋友

学习目标

1. 帮助学生审视人际交往过程中的问题，端正与人交往的态度，敞开心扉，与身边人友好交往。

2. 增强学生的人际交往能力，健全学生的人格。

知识储备

初中阶段，我们大都生活在父母身边，受到他们的关心和照顾。同学、朋友大多来自同一个地方，大家都有比较多的共同语言，因此，彼此交往感觉很放松，人际关系也相对比较单纯。进入中职学校之后，我们远离家庭，失去了家庭的保护；同学来自各个地方，大家想法、习惯各有不同，因此，不少同学发现同学之间的关系不如从前了，孤独、苦闷、想家等情绪问题就自然而然出现。这其实说明，我们在人际交往方面存在着问题，需要格外注意。常见的人际交往问题主要有以下几个方面：

一、害怕人际交往

和人交往，尤其是与陌生人交往，每个人都会有畏惧感，只是程度不同而已，这是很正常的，我们不必为此背上心理包袱。但有一部分同学反应过于强烈，由于害羞、自卑，有的同学在与人交往时特别紧张，心跳加速、呼吸困难、面红耳赤，不敢与对方有目光接触；有的同学在说话时前言不搭后语、逻辑混乱；而且，越是在人多的场合，越是紧张。对交往的畏惧心理，使得一些同学不敢与人交往、不敢表现自己、自我封闭，如果这种表现过于严重，可能会导致社交恐惧症。

二、轻视人际交往

一些同学意识不到人际交往的重要性，缺少积极主动地与他人交往的动力。有的同学自高自大，看不起身边的同学，觉得跟他们交往没意思；有的同学习惯以自我为中心，不愿意关心别人，缺少宽容，常常为一些小事与同学发生冲突，甚至大打出手；有的同学习惯生活在自己的世界里，有事便依赖家庭，在学校里喜欢独来独往，喜欢一个人去完成所有事情，缺少合作意识，不关心集体，群体意识淡薄。

三、不良性格特征

良好的性格特征，如热情、真诚、善良、幽默、开朗等有利于增强人际吸引力，有助于建立和维护良好的人际关系；而不良的性格特征，如自私、冷漠、自负、贪婪、自我中心等则会阻碍良好人际关系的建立。在中职校园里，只有那些具有良好性格特征的同学才会在人际交往中掌握主动权，而那些具有不良性格特征的同学往往处于被动状态，并可能逐渐陷入人际交往的困扰中。

四、缺乏交往方法

在现实生活中，大多数同学是愿意与人交往的，但由于缺乏交往的方法和技巧，导致人际关系紧张。许多同学由于没有掌握有效的交流手段和方法，使得大家不太愿意与其交往。比如，有的同学不注意说话的方式，常常在不经意间得罪了别人；有的同学不善于处理冲突和矛盾，使一些小矛盾上升为大的冲突；有的同学不注意场合，言行随意，不考虑他人的感受，常常引起别人的反感，等等。缺少人际交往方面的知识和技巧，可能会使一些同学在与他人的交往时事与愿违、处境尴尬。

单元活动

1.活动主题

打开心门结交朋友。

2.活动目的

（1）进一步增进班级成员间的了解。

（2）帮助学生树立积极主动的人际交往态度。

（3）检视班级的凝聚力及班级成员在班级活动中的参与程度。

3.活动方法

（1）团体游戏。

（2）小组讨论。

（3）头脑风暴。

4.活动程序

活动 （40分钟）	步骤	活动资源
导入环节 （5分钟）	1.学生阅读本单元"知识储备"。 2.学生阅读后，提问： （1）中职生人际交往主要存在哪些问题？ （2）你在人际交往中遇到过哪些问题？	
活动形式 （25分钟）	一、爱在指间（15分钟） 　1.活动过程：将全体学生分成人数相等的两组，一组学生围成一个内圈，再让另一组学生站在内圈学生的身后，围成一个外圈。内圈学生背向圆心，外圈学生面向圆心，即内外圈的学生两两相视而站。学生在教师口令的指挥下，做出相应的动作。 　当教师发出"手势"的口令时，每个学生向对方伸出1～4根手指： （1）伸出1根手指表示"我现在还不想认识你"； （2）伸出2根手指表示"我愿意初步认识你，并和你做个点头之交的朋友"； （3）伸出3根手指表示"我很高兴认识你，并想对你有进一步的了解，和你做个普通朋友"； （4）伸出4根手指表示"我很喜欢你，很想和你做好朋友，与你一起分享快乐和痛苦"。	教师指导，全体学生参与

活动 （40 分钟）	步骤	活动资源
活动形式 （25 分钟）	当教师发出"开始"的口令，学生就按下列规则做出相应的动作： （1）如果两人伸出的手指不一样，则站着不动，什么动作都不需要做； （2）如果两人都伸出 1 根手指，那么各自把脸转向自己的右边，并重重地跺一下脚； （3）如果两人都伸出 2 根手指，那么微笑着向对方点点头； （4）如果两人都伸出 3 根手指，那么主动热情地握住对方的双手； （5）如果两人都伸出 4 根手指，则热情地拥抱对方。 　　每做完一组"动作—手势"，外圈的学生就分别向右跨一步，和下一个学生相视而站，跟随教师的口令做出相应的手势和动作。以此类推，直到外圈的学生和内圈的每位学生都完成了一组"动作—手势"为止，回到各自小组分享。 　　2. 小组分享 （1）自己刚才做了几个动作？握手和拥抱的亲密动作各完成了几次？为什么能完成这么多（或为什么只完成了这么少）的亲密动作？ （2）当你看到对方伸出的手指比你多时，你心中的感觉是怎样的？当你伸出的手指比对方多时，心里的感觉又是怎样的？ （3）你从这个游戏中得到什么启示？ 　　3. 小组代表向大家汇报本小组的分享结果。 　　4. 活动小结：在人际交往中，我们有一个共同的倾向——希望别人能承认自己的价值，支持自己、接纳自己、喜欢自己。但是任何人都不会无缘无故地喜欢我们、接纳我们。别人喜欢我们也是有前提的，那就是我们也要喜欢他们，承认他们的价值。也就是说人际交往中，喜欢与讨厌、接近与疏远是相互的。一般而言，喜欢我们的人，我们才会去喜欢他；愿意接近我们的人，我们才会去接近他；而对于疏远、厌恶我们的人，我们也会疏远或厌恶他。因此在人际交往中，应遵循交互原则。对于交往的对象，我们应首先主动敞开心扉，接纳、肯定、支持、喜欢他们，保持在人际关系中的主动地位，这样别人才会接纳、肯定、支持、喜欢我们。 　　5. 小组分享：人际交往中可以通过哪些方式来主动表达对他人的接纳、喜欢和肯定？	教师指导，全体学生参与

活动 （40分钟）	步骤	活动资源
活动形式 （25分钟）	6. 小组代表向大家汇报本小组的分享结果。 　7. 教师小结与人主动交往的方式，如主动与人打招呼，主动帮助别人，主动关心别人，主动约别人一起出去玩，等等。 　二、信任陀螺（10分钟） 　1. 活动过程： 　（1）游戏开始之前要求所有学生摘下身上任何容易造成伤害的尖锐和硬的物品。 　（2）将全体学生分成10人左右一组，每组征求一名志愿者作陀螺，十指反扣，收于胸前。其他人围着志愿者，双手轻轻搭在志愿者肩、背、手臂等部位，双脚呈马步，形成一个安全的承接区。 　（3）志愿者绷直身体向后倒下，其他人推动志愿者顺时针旋转。 　（4）每位学生轮流充当后仰者和承接者。尽量要求每位学生参与，但有心脏病、高血压和严重腰伤者不能参加。 　注意：在"陀螺"倒向其他位置的时候，所有人的手尽量不要离开"陀螺"的身体，以便"陀螺"倒向自己时可以及时接住。 　2. 小组分享： 　（1）倒下的那一刻你害怕了吗？你相信其他同学会稳稳地托住你吗？倒下的时候你的身体是弯曲的还是挺直的？ 　（2）你现在的感觉是什么？ 　（3）你从这个游戏中学到了什么？ 　3. 小组代表向大家汇报本小组的分享结果。	教师指导，全体学生参与
活动总结 （5分钟）	1. 教师总结小组讨论的内容，并再次强调人际交往中的相互原则，强调信任别人、敞开心扉、主动交往的重要性。 　2. 重复做一次"爱在指间"游戏。	多媒体 教学平台
自我评价 （5分钟）	1. 今天我学到的是：＿＿＿＿＿＿＿＿＿＿＿＿＿＿＿＿＿＿＿＿ 2. 这次活动给我印象最深的是：＿＿＿＿＿＿＿＿＿＿＿＿＿ 3. 这次活动给我的感受是：＿＿＿＿＿＿＿＿＿＿＿＿＿＿＿ 4. 我想对老师说：＿＿＿＿＿＿＿＿＿＿＿＿＿＿＿＿＿＿＿	多媒体 教学平台

5.活动建议

活动	建议
爱在指间	1.当发现学生露出不耐烦或者觉得无聊的表情时，私下交流感受或者休息整顿。 2.采访学生感受（教师也应观察通常伸出几根手指的学生更容易被接纳）：旁边观察的学生；总是伸出 3 根手指但因对方原因不能完成亲密动作的学生；总是伸出 1 根手指所以很少完成亲密动作的学生；能多次完成亲密动作的学生。
信任陀螺	1.这个游戏的核心是信任伙伴和予以伙伴支持。 2.信任是指伙伴之间建立的一种特殊关系，这种关系能够使双方互相交流、依靠和信赖。支持则是对对方行为或想法的承认，把自己的力量给予他们，让他们在实现自己目标时得到帮助。因此，双方要互相信任和支持，共同努力实现共同的目标。 3.教师在游戏中要提醒学生：你相信你的伙伴吗？你能给予伙伴怎样的支持？

6.活动延伸

活动	内容	建议
心理剧场（附件 1-2）	剧场的情景为在班级竞选班长的活动中，主人公被同学忽视甚至排斥的现象。角色丰富，有学生和教师，展现了不同人物的心理活动，最终在教师的指导下，主人公实现了转变。	教师可以将角色分配给学生，通过角色扮演，让学生设身处地地体会剧中人物的情绪，以帮助学生在实际生活中顺利与人交际。

7.活动资源

附件 1-2　心理剧场——转变

旁白：一个静静的秋夜，晓夕的心却静不下来，她一个人坐在家里回想着一天所发生的事。

林叶：上星期的"莱卡——我行我秀"看了吗？哈哈。我最喜欢的是罗开元，他唱歌好听，舞也跳得好。

甜静：我还是觉得俞思远最好，很有舞台魅力。杨阳，你喜欢谁呀？

杨阳：我还是喜欢师洋。因为他很逗，每时每刻都会给人带来快乐。他不但古灵精怪，还很聪明。虽然有点人来疯，但是我觉得他很有特色，给我一种耳目一新的感觉。嘿嘿，我就喜欢奇怪特别的事物。

模块一　构建良好人际关系

旁白：上课铃响了，大家都回到了座位上。

老师：同学们，今天的班会，我们要进行一次班长的选举。每位同学写出一位你觉得最适合当班长的同学来。

旁白：同学们开始投票，然后老师看了大家所投的票。

老师：好，同学们，晓夕同学以一票的优势成为我们的新班长。大家鼓掌。因为晓夕是第一次当班长，所以杨阳，你作为前任班长，要好好帮助晓夕。

旁白：下课后，杨阳跑去晓夕的座位边。

杨阳：晓夕，要是有什么要我帮忙的，尽管来找我。（晓夕看着杨阳，点了点头。）

旁白：成为班长后的晓夕还是如往常一样，很少与同学交往。一天放学后，杨阳、林叶与甜静走在回家的路上，晓夕与她们同路却走在她们后面。

林叶：（惊讶道）真没想到，这次的班长竟然不是杨阳。

甜静：（有些不满）是呀，我跟林叶都投的你的票呀，那个晓夕，从来都没有看到她跟别的同学有什么来往，总是一个人，真是个怪人。

杨阳：我没有当成班长，说明我有做得不够好的地方。甜静不要这么说人家，也许，她比较喜欢安静，不是很喜欢吵闹。

旁白：三人并没有发觉身后的晓夕，晓夕却听到了她们的谈话。低着头，慢慢地走着。

晓夕：（两手托着脑袋）为什么？为什么我不能像杨阳那样跟同学一起说笑？为什么大家都会疏远我？妈妈说，我只要把心思放在学习上就行了，别的什么都别去管。可是……哎……（长长地叹了口气，停顿一下）究竟我应该怎么做才好呢？

旁白：第二天，晓夕一大早就到了学校。她去了学校的心理辅导室。

晓夕：袁老师！

老师：有什么事吗？

晓夕：（在老师的示意下坐下，有点难以启齿）我……我很想跟大家成为朋友。看到同学们下课时有说有笑的，我也很想加入她们，可是不知道为什么，大家似乎都不愿意接受我。

老师：晓夕，你应该知道友情是一个人一生中不可缺少的感情，就好像树不能没有树叶一样。一棵树要长得高大茂密，就需要人精心地去呵护，同样地，友情也需要培育。我想你首先要学会的是如何与人主动交往。人与人的交往中，最重要的一点就是要真诚。主动与身边的人交流、沟通，告诉他们你最真实的想法，勇敢地展现自己。

晓夕：（听着老师的话，点头表示认同，没有了提第一个问题时的羞怯，神情更加地投入）但是老师，如果是我主动跟她们说话，她们却不理我，怎么办呀？

老师：这个问题，我想，一般来说是不会发生的，只要你主动与同学说话，他们是不会刻意回避你的，其实就像你想了解同学们一样，同学们也很想更多了解你一些。

晓夕：……（沉默，稍久一点）

老师：你能够来这里跟老师说出你的困惑就是很有勇气的表现，也表示你相信我能给你帮助。所以，再拿出点勇气来。

晓夕：……（沉默，并注视着老师，片刻后）嗯。（微笑）

旁白：上课铃响起。

老师：好啦，上课了，你回教室吧。

晓夕：谢谢老师，我会按您说的去做的。老师再见。（微笑）

旁白：下课后，晓夕主动跑去找杨阳。

晓夕：（有些羞怯但很真诚）杨阳，你，你能帮我一起把大家这个月的操行分整理出来吗？

杨阳：（先是有些惊讶，然后对着晓夕微笑）好的。那放学我们留下来一起做吧。

晓夕：（紧张的脸上露出了笑容）好，谢谢你。

杨阳：不要这么客气嘛，大家都是同学。

旁白：放学后。

林叶：杨阳，一起回去吧。

杨阳：不行，今天晓夕让我帮她弄操行分，你跟甜静先走吧。

甜静：……（与林叶对视了一下）她主动让你帮忙？（惊讶）

杨阳：对呀，我看呀，是我们太不了解她了，今天跟她说话的时候，她给我的感觉挺好的。

林叶：是吗？（好奇）甜静，我们也留下来帮杨阳的忙吧。（看着甜静）

甜静：嗯，好的。我也想了解一下杨阳口中不一样的晓夕。

（晓夕走进教室）

甜静：晓夕，我跟林叶想留下来一起帮你跟杨阳。（热情地笑着）

晓夕：（感到很意外）那，那你帮我记分数吧，我来算你来写。可以吗？（小心翼翼地）杨阳，你能帮我画那张大表格吗？

林叶：晓夕呀，你别这么客气嘛！大家都是同学，你这么客气，我们才会感觉怪哩！

杨阳：晓夕，我记得我们是同路的吧，以后放学，一起走吧。

林叶：是啊，一起走吧。

晓夕：（渐渐放松了心情）嗯，好。

旁白：想要得到什么，就要有所付出。友情是一种最纯洁、最朴素、最平凡的感情，同时也是最永恒的。真心对待你身边的每一个朋友，他们会陪伴你一生。

心理咨询师点评：剧中的晓夕害怕与同学交往，担心被拒绝，这与晓夕的成长经历和性格有关，这种心理状态在同学中有一定的代表性。建立与同龄伙伴的友情，需要大胆地表达自己的需求并行动。相信你一定会获得真正的友谊。

想一想

你与朋友交往有困难吗？你是如何走出交往困境的呢？

单元三　人际交往技巧

学习目标

1. 充分考虑学生学习的主体性与主动性，帮助学生体会人际交往的重要性。

2. 帮助学生掌握人际交往的技巧，塑造学生的健康心理；帮助学生合理恰当地与人交往，维护和促进同学之间的友谊，做到同学之间团结友爱、互相帮助、相互尊重、和睦相处。

知识储备

一、人际交往的原则

在和他人交往的过程中，要经常站在他人的角度去思考问题，这样既改变了自己的认知，又做到了与他人沟通，融洽了人际关系。

（一）平等原则

人际交往中，首先要坚持平等原则。人与人之间，没有高低贵贱之分，只有以平等的身份进行交往，才能深交。人与人在气质、性格、能力、知识等方面存在差异，但在人格上是平等的。在人际交往中，我们要坚持平等的原则，尊重自己，尊重他人；在各种场合自重自爱，维护自己的人格；同时，还要尊重他人的习惯和价值。我们不能因为感觉自己相貌不佳、能力不强、家庭条件差而自轻自贱，也不能因为自己的能力强、相貌好而趾高气扬、颐指气使。希望大家记住：如果你总是看不起别人，别人也很难看得起你；如果你总是看不起别人，别人也会对你敬而远之。

（二）真诚原则

真诚是人际交往中最有价值的原则。一位心理学家曾列出了 55 个描写人品的形容词，让学生说出最喜欢的词、最不喜欢的词，结果学生评价最高的品质是：真诚。在 8 个评价最高的形容词中，有 6 个和真诚有关，即真诚、诚实、忠诚、真实、依赖和可靠。而评价最低的品质中，虚伪居于首位。在人际交往中，只有动机真诚才能赢得对方的信任，得到对方的接纳，感情上才能引起共鸣，交往才能巩固和发展。动机不纯，口蜜腹剑，当面一套、背后一套的人，最终必然会被抛弃。

（三）互利原则

互利指交往双方之间互惠互利，交往双方满足对方需要的同时，又能得到对方的回馈。互惠互利，既可能是物质方面的，也可能是精神方面的。人际交往是一种双向行为，故有"来而不往非礼也"之说。只有单方面获得好处的人际交往是不能长久的；互利性越高，交往双方的关系就越稳定、越亲密。因此，交往双方都要讲付出和奉献。

（四）信用原则

互利交往离不开信用。信用指一个人诚实、不欺、信守承诺。古人有"一言既出，驷马难追"的格言，现代人有以诚信为本的原则。在人际关系中，不要轻易许诺，而一旦许诺，就要尽力兑现，以免失信于人。朋友之间，应当言必行、行必果，一个经常失信于人的人，不可能有真正的朋友。

（五）宽容原则

宽容表现为对非原则问题不过于计较，与人相处时能够容忍。在人际交往中，我们难免会遇到一些自己不喜欢的人和事，难免听到一些与自己不同的观点和意见，要学会宽容和忍让。要眼光长远，心胸开阔，应当习惯换位思考，当碰到自己不喜欢的行为或见解时，能站在对方的角度去思考，去体会对方的情感，去理解对方的思想，这样，我们才能真正做到包容，从而为自己营造一个宽松的交际环境。大度宽容，才能使我们保持好的心情；每天都生活在快乐之中，也有利于我们的身心健康。

二、人际交往需要克服的障碍

（一）自卑心理

自卑是一种性格上的缺陷，来源于心理学上的一种消极的自我暗示。自卑是中职生的大忌。有自卑心理的学生，在人际交往中总认为自己不行，缺乏自信，总是想象成功的经验少，失败的经验多，缺失交往的勇气和信心。

（二）自傲心理

与自卑心理相反，自傲心理表现在交往中不切实际地对自己做出过高的评价，在他人面前盛气凌人，自以为是，看不起周围的人，常常使他人处在难堪、窘境中。

（三）自私心理

在交往中，以自己为中心，以满足自己的欲望为目的，不顾他人的利益和需求，不体谅他人的情绪与情感，常常引起他人的不满和反感，这是交往的大忌。自私在当前独生子女占多数的中职生中，是较为普遍的一种心理。

（四）恐惧心理

在交往中，特别是在大庭广众面前，不由自主地感到紧张、担心和害怕，以至手足无措、语无伦次，严重的会发展为社交恐惧症。

（五）封闭心理

具有封闭心理的中职生主要有两种：一是害怕别人算计自己，所以把自己封闭起来，不敢与人交往；二是觉得学习时间太紧，无暇他顾，颇有点"两耳不闻窗外事，一心只读圣贤书"的味道。这种心理严重者对任何人都不信任，怀有很深的戒备心理，容易变得孤僻，隔绝人际交往。

（六）害羞心理

害羞心理在中职生中也具有较大的普遍性。中职生在交往中由于不自信，过多地约束自己的言行，表情羞涩，神情不自然，往往不能充分表达自己的思想感情，成为交往中的被动者，从而使他们失去许多社会交往和展现的机会，也失去了他人的鼓励以及自我进取的动力。

（七）嫉妒心理

这种病态心理主要是对他人所取得的地位、名誉、成绩、进步等的一种不服气、不友好，甚至是敌对的情感，是由一种想保住自己的优越感而极力要排除他人优越地位的心理倾向。

嫉妒给自己带来的不是上进，而是忌惮、愤恨和人际关系的不和谐。

（八）猜疑心理

猜疑心理表现为在交往过程中，自我牵连倾向太重，长期处于"疑神疑鬼"的情绪中，对他人的言行过分敏感、多疑、不信任，长此以往，就会陷入痛苦和焦虑之中。

（九）逆反心理

逆反心理是指中职生处于性格形成和寻找自我的时期，企图标新立异，通过否定权威可以在心理上求得自我肯定的满足感。这种心理表现为：对所交往同学的言谈举止不加分析地批判、对抗和抵制，使双方关系紧张，致使同学之间的交往难以顺利进行。

（十）干涉心理

干涉心理表现为对其他同学的事情过分关心，以打听、传播和干预别人的私事、私密为乐趣，从而引起同学的不满和厌恶，影响同学之间的关系。

单元活动

1.活动主题

人际交往技巧。

2.活动目的

（1）帮助学生认识人际交往的重要性。
（2）帮助学生掌握人际交往技巧。

3.活动方法

（1）团体游戏。
（2）小组讨论。
（3）头脑风暴。

4.活动程序

活动 （40分钟）	步骤	活动资源
导入环节 （5分钟）	一、教师指导学生操作 1.请学生拿好手中的纸，根据教师的指示进行操作，活动过程中学生独立完成，不能提问，同学之间也不能相互偷看。 2.教师请学生根据以下指示进行操作： （1）把纸上下对折；	游戏操作用的纸张

活动 （40 分钟）	步骤	活动资源
导入环节 （5 分钟）	（2）再把纸左右对折； （3）在左上角撕掉一个边长为 2 厘米的等腰直角三角形； （4）再左右对折一下； （5）然后上下对折； （6）最后在右上角撕掉一个半径为 2 厘米的扇形。 二、讨论 为什么同样的操作指令会出现不同的结果？ 三、教师总结 　　不能说话，没有沟通，我们就只好根据自己的猜测来各行其是，但往往是别人说的和我们自己想的不一样。缺乏沟通，就会导致彼此的不理解。那么，同学们在平时生活中是不是也会埋怨别人不理解我们，包括我们最亲的人——父母？别人的不理解，给我们的交往带来很多烦恼，那么今天我们就来一起探讨一下人际关系的话题。我们今天的主题是：放你的真心在我的手心。	游戏操作用的纸张
活动形式 （25 分钟）	一、人际交往的重要性 　　教师：相信你们的家长、老师都会经常对你们说，现在最重要的任务是"学习"。但对于青少年来说，我觉得还有一项很重要的任务，就是学会人际交往，获得友谊。作家萧伯纳曾经比喻说："如果你有一个苹果，我有一个苹果，彼此交换，每个人还是只有一个苹果；如果你有一种思想，我有一种思想，彼此交换，我们每个人就有了两种思想。" 　　这个格言说明通过社交建立良好的人际关系后，人就能以各种方式迅速地获得信息，人际交往具有比从书本获得信息的方式更广泛、渠道更直接、速度更迅速等特点。这也就说明了人际交往在我们的日常生活中是很重要的。那么它有哪些重要性呢？（学生发言） 　　为什么同一个班级里的同学们在人际关系中所处的地位会不同？你们希望自己成为哪一种类型的人？（学生回答）既然大家都想成为最受欢迎的人，那么怎样才是这种类型的人呢？ 　　二、谁是最受欢迎的人 学生讨论，或以生活中的例子来谈谈。 受欢迎的人的特点：自尊、尊重他人、宽容待人、虚心、坦诚、热情。 　　教师：好，既然大家知道了什么样的人才是最受欢迎的人，那么我们怎样才能成为受人欢迎的人呢？下面我们就来分享几招人际交往的技巧。 　　三、人际交往的技巧 技巧一：愉快地接纳别人。 手指比较：现在每位同学伸出自己的右手，看看这 5 根手指。	

续表

活动 （40分钟）	步骤	活动资源
活动形式 （25分钟）	你们说，哪根手指最短？它们各有什么不同？ ——拇指，长短不一。 （讨论与提问）数数看每根手指的关节数，有什么不同？ ——拇指一个，其他手指两个。 （讨论与提问）我们对比完之后，大家有什么感想？从中学到了什么？（教师提问，学生回答） 其实，这个实验的寓意是很丰富的，而今天老师想通过这个实验来教会大家人际交往的第一招——愉快地接纳别人。手指比较与愉快地接纳别人有何联系？（学生回答）。 教师补充：人的手指长短不一，各有各的优势与劣势。更何况两个人之间呢？俗话说：尺有所短，寸有所长。正如这世上找不到两片相同的树叶一样，在现实生活中也找不到完全一样的人，足可见人与人之间是存在差异的。一个人身上可能有一些长处和短处，而另一个人身上又可能有其他长处和短处，这就需要我们以一种愉快而包容的态度去接纳别人。也就是说，对别人不但要有一颗宽容心，更要懂得发现别人身上的闪光点，把别人看成是有价值的、值得尊敬的人。 技巧二：学会倾听。 同学们，西方有句名言，上帝分配我们两只耳朵，而只给我们一张嘴巴。有谁知道，上帝为什么在我们脸上装一个嘴巴，在脸的两侧装两只耳朵？那是因为人在世界上要与人交往，更好地理解他人，就是要通过嘴巴说和用耳朵听来达到交流、沟通的目的。而做一个合格的听众在人际交往中就显得格外重要。 一名合格的听众要掌握下面5条基本要素： 诚心：抱着谦虚的态度听。 专心：仔细地听，不要三心二意。 用心：捕捉对方话语中的含义或言外之意。 耐心：不要轻易插嘴。 应心：给予适当的回应，鼓励对方说下去。 技巧三：学会表达自己。 西方有一句名言："失足尚可挽回，失言无法补救。" 技巧四：换位思考，站在对方的角度看问题。	

活动 （40分钟）	步骤	活动资源
活动形式 （25分钟）	很多人在处理问题和与人交往的时候，总是立足于自己的立场，考虑更多的是自我的利益和需要，却总是很少关心他人的需要，更别说是从他人的立场来看问题了。这就造成了人际沟通中的理解发生偏差和阻塞。我们平常总说别人不理解自己，自己也不理解别人，主要就是由于我们没有站在对方的角度来看问题造成的。要做到换位思考，在考虑问题之前，我们先问自己下面几个问题。 换位思考四步曲： 第一步：如果我是他，我需要的是…… 第二步：如果我是他，我不希望…… 第三步：如果我是他，我的做法是…… 第四步：我是在以对方期望的方式对他吗？ 要了解一个人，除非你站在他的立场上体会他的心情，否则很难真正了解。——哈泼·李 技巧五：学会赞美别人。 谁不想让人赞美？谁不希望别人重视自己的存在？不论何时何地，我们都可以运用赞美。会赞美别人是一种了不起的能力。怎样才算是会赞美别人呢？这是需要一定技巧的。 1.要准确。假如一个女同学的相貌平平，可是你硬要说她很漂亮，美若西施，她听了未必会高兴。你完全可以赞美她其他真实的方面，如学习好、心地好、性格好等。 2.要具体。赞美是需要理由的，赞美越具体明确，就越能让人觉得真诚、贴切，其有效性就越高。相反，空泛、含混的赞美由于没有明确的赞美理由，经常让人觉得难以接受。 3.要真诚。赞美的语言必须是由衷的，而不是虚假的，言不由衷的赞美只会让人生厌。 游戏：要求学生赞美自己的同桌（1分钟时间）。 让同学们说出被人称赞的感受并分析当称赞别人时自己的感受与得失。 同学们想想还有没有其他的交往技巧可以和大家分享呢？	
活动总结 （5分钟）	今天我们学习了怎样和别人相处，这是一种健康心理，合理恰当的人际交往，可以维护和促进同学之间的友谊，做到同学之间团结友爱、互相帮助、相互尊重、和睦相处。如果你的朋友愿意放他的真心在你的手心，那么我相信你是一个值得朋友信任的人，让我们都能成为用双手捧住朋友那颗"真心"的人吧！	多媒体教学平台

续表

活动 （40 分钟）	步骤	活动资源
自我反思 （5 分钟）	1. 今天我学到的是：＿＿＿＿＿＿＿＿＿＿＿ 2. 这次活动给我印象最深的是：＿＿＿＿＿＿＿＿＿＿＿ 3. 这次活动给我的感受是：＿＿＿＿＿＿＿＿＿＿＿ 4. 我想对老师说：＿＿＿＿＿＿＿＿＿＿＿	多媒体教学平台

5. 活动建议

活动	建议
人际交往的重要性	本环节鼓励学生发言，针对学生的发言情况，了解学生对人际交往的认识。
谁是最受欢迎的人	建议让学生以举例的形式阐述自己认为最受欢迎的人，并说出理由。
人际交往的技巧	1. 可以让性格比较内向的学生回答课堂提问，并引导学生主动与人交往。 2. 鼓励学生积极发言，夸一夸自己的同桌，促进学生之间的人际交往。

6. 活动延伸

活动	内容	建议
填写"人际信任量表" （附件 1-3）	目的：检测学生的人际信任情况。 　学生填写完之后先自己对结果进行分析，教师收集学生的填写结果，分析学生的人际信任情况，对较为集中的问题采用主题班会或专题讨论等形式进行疏导。	学生根据自己的实际交际信任情况与同学进行交流，教师鼓励学生在必要的情况下主动找教师倾诉，解决人际交往中的困惑。
学习本单元"知识储备"	目的：在教学活动的基础上明确中职生人际交往的原则。 　学生根据自己的实际人际交往情况，找出自己出现人际交往问题的原因，并对照中职生人际交往的原则纠正自己的人际交往误区。	学生先自行阅读，总结中职生人际交往的几个原则，通过小组讨论、推荐发言的形式，让学生自己总结每个原则的内涵，真正理解人际交往的要点。

7. 活动资源

附件 1-3　人际信任量表

使用以下标准表明你对下列每一陈述同意或不同意的程度：1= 完全同意；2= 部分同意；

3= 同意与不同意各一半；4= 部分不同意；5= 完全不同意。

1.在我们的社会里，虚伪的现象越来越多了。

2.与陌生人打交道时，你最好小心，除非他们拿出可以证明其值得信任的依据。

3.除非我们能吸引更多的人进政界，否则这个国家的前途将十分黯淡。

4.阻止多数人触犯法律的是恐惧、社会廉耻或惩罚而绝不是良心。

5.考试时老师没来监考，可能会导致更多的人作弊。

6.父母通常在遵守诺言方面是可以信赖的。

7.联合国永远也不会成为维持世界和平的有效力量。

8.法院是我们都能受到公正对待的场所。

9.如果得知公众听到和看到的新闻有多少已被扭曲，多数人会感到震惊的。

10.不管人们怎样表白，最好还是认为多数人主要关心其自身幸福。

11.尽管在报纸、收音机和电视中均可看到新闻，但我们很难得到关于公共事件的客观报道。

12.未来似乎很有希望。

13.如果真正了解到国际上正在发生的政治事件，那么公众有理由比现在更加担心。

14.多数获选官员在竞选中的承诺是诚恳的。

15.许多重大的全国性体育比赛均受到某种形式的操纵和利用。

16.多数专家有关其知识局限性的表白是可信的。

17.多数父母关于实施惩罚的威胁是可信的。

18.多数人如果说出自己的打算就一定会去实现。

19.在这个竞争的年代里，如果不保持警惕，别人就可能占你的便宜。

20.多数理想主义者是诚恳的，并按照他们自己所宣扬的信条行事。

21.多数推销人员在描述他们的产品时是诚实的。

22.多数学生即使在有把握不会被发现时也不作弊。

23.多数维修人员即使认为你不懂其专业知识也不会多收费。

24.对保险公司的控告有相当一部分是假的。

25.多数人诚实地回答民意测验的问题。

结果计算：

1.项目 6，8，12，14，16，17，18，20，21，22，23，25 正序记分。

2.其余项目：1，2，3，4，5，7，9，10，11，13，15，19，24 反序记分。如果完全同意则记 5 分。

采用五分对称评分法，1 分为完全同意、5 分为完全不同意。故量表总分从 25 分（信赖程度最低）至 125 分（信赖程度最高），中间值为 75 分。

3.所有项目得分累加即为总分。

4.得高分者人际信任度也高。

单元四　异性交往

学习目标

1.帮助学生正确认识与异性交往的心理与技巧。

2.帮助学生正确认识青春期心理，了解异性之间相互吸引是一件很正常的事，如果处理好这种纯真的倾慕之情，将有助于自己的成长，丰富自己的人生。

知识储备

一、中职生恋爱特点

（一）恋爱动机的轻率性

有些中职生恋爱是因为空虚寂寞找寄托；有些中职生恋爱是因为在日常生活中遇到困难有人帮；有些中职生恋爱是为了找一个避风港，一旦情况有变，其恋情随即宣告结束：这势必会给恋爱对方造成一定的伤害。所以说中职生的恋爱动机具有明显的轻率性，有很多是一时冲动的结果，并没有长远打算，缺乏责任心和道德感，因此恋爱不会长久，不能获得真正的爱情。确立正确的恋爱动机，树立正确的恋爱观念，才能在彼此情投意合的基础上收获美好的爱情。

（二）恋爱的不成熟性

很多中职生在恋爱中更多追求的是丰富多彩的精神生活，很少涉及家庭、经济等现实问题，从而使中职生恋爱富有浓厚的浪漫色彩，中职生多以"帅气、漂亮"作为恋爱的首要条件。所谓"一见钟情"，是基于颜值的怦然心动。虽说好看的皮囊千篇一律，有趣的灵魂万里挑一，但是两人初识，好看的皮囊往往更吸引人。这显然是一时冲动，缺乏深思熟虑，经不起时间的考验。近年来，随着互联网的普及，网恋成为中职生一种新型的恋爱方式，由于网恋的隐瞒性、虚拟性等特点，在网络上人们往往把自己包装起来，隐藏起自己的缺点，最大化地夸大自己的优点，这使得对方所了解的自己并不是真正的自己，等到互相真正了解后，问题也就接踵而至，最终导致他们因失望、受骗而痛苦。

（三）恋爱的盲目性

通过调查发现，大部分中职生恋爱目的不明确，有的是因为孤独、空虚或苦闷，有的是为了证明自己有魅力或追求刺激满足好奇心，有的是为了赶时髦而谈恋爱，只有极少数中职生是因为爱情，至于恋爱的最终结果他们通常并未考虑，因此恋爱有很大的盲目性。未曾有爱，便不能谓之爱情。

（四）恋爱的开放性

现在中职生谈恋爱越来越开放，往往在公众场合卿卿我我，过于亲密，甚至有故意让其他人知道的"秀恩爱"心理。谈恋爱虽然是私人的事情，但是在公共环境中要约束自己的言谈举止，注意对他人和周围环境的影响，避免失礼行为。例如，有些中职生在大庭广众之下，旁若无人地做出亲密行为，既有损爱情的私密性和美好，又有伤社会风气。

（五）恋爱的随意性

有一部分中职生表现出对恋爱的不严肃，一方面表现在开始或结束一段恋爱的随意性，还有频繁更换恋爱对象的随意性，恋爱态度轻率和冲动；另一方面表现在交往上的随意性，行为的无约束性。

以上种种原因，导致中职生的恋爱成功率很低，特别是在面临毕业、就业、家人等诸多方面压力时，分手率会更高。这表明"中职生恋情"的脆弱性，就像温室里的玫瑰，放到现实环境中脆弱得不堪一击。

二、中职生恋爱问题应对方式

（一）从书中汲取营养，正确对待恋爱

传统的经典思想著作有很高的智慧，这些智慧可以让中职生更好地看待恋爱，学习如何去恋爱。书并非经典才可读，无论是哲学著作，还是小说散文等都可以阅读与欣赏，这将帮助中职生树立健康的人生观。多读经典著作，可以让中职生领会到其中的人生哲理和思辨精神，可以让中职生更加理智地看待问题，用理性思维去解决问题，理智地对待恋爱问题。

（二）了解法律常识，增加道德意识，树立正确的人生观、恋爱观

中职生应多学习法律知识，了解在两性关系中哪些行为是合法的、哪些行为是非法的、哪些行为要受到刑事处罚，以及什么样的行为受到什么样的处罚等，增强法治观念，减少和避免过失行为，培养健康的心理和行为习惯，从而能够顺利健康地成长。

正确的恋爱观是在一定年龄及具备一定知识的基础上逐渐形成的，为中职生获得真正的恋情指明了方向。但是调查结果表明，现在的中职生很多还没有形成正确的恋爱观，恋爱双方缺乏稳定的基础，因此注定了恋爱只是昙花一现，很少能结为人生伴侣。所以，中职生要树立正确的人生观、价值观、恋爱观。

（三）多参加健康有益的活动，让中职生活丰富多彩

中职生学习压力相对较轻，而十七八岁又是精力特别充沛的年龄，学习生活的相对枯燥，使中职生积聚了大量的能量，很容易"无事"而"生非"。因此，要学会把旺盛的剩余精力合理地宣泄出去。除了认真学习知识、技能，还多参加一些健康有益的活动，了解更加精彩的校外生活，让自己变得充实而丰富，从而在一定程度上减少因盲目而产生的不良恋爱动机。趁着年轻把自己变成一个更优秀的人，才有更多的机会在合适的年纪遇到一个同样优秀的恋人。

（四）理智对待网恋

当今社会是信息社会，信息技术对社会发展起着极为重要的作用。但从当前的情况来看，互联网确实是把双刃剑，给中职生带来大量信息的同时，也给中职生带来一些负面影响，比如一些中职生沉迷于网络。据调查，大约三分之一的中职生选择"网恋"，沉迷于虚幻的网络恋爱之中。网恋不仅具有比例高、公开化的特征，而且轻率、速成的程度令人瞠目结舌。有些中职生同网友聊过一次，便一见钟情，相见恨晚。中职生心理发育还不成熟，社会阅历浅，一定要理智地对待网恋，保护好自己，免遭伤害。

（五）出现了恋爱问题，及时咨询

通过调查发现，中职生在恋爱当中出现的心理问题很多，比如过度、极端、虚荣，甚至有焦虑症、抑郁症、强迫症等，不能很好地看待恋爱问题，有的失恋后，情绪一落千丈，悲观厌世。一旦出现了这类问题，中职生应及时去找心理老师或心理咨询师，或者及时与家长和朋友交流，不要让自己沉浸在悲观情绪里，正视自己的心理问题，正视自己的不安，找到解决的办法而不是逃避。

（六）重视家庭教育，加强家校合作

家庭是学生成长的起点和港湾，家庭教育对学生成长的影响不言而喻。据调查，中职生恋爱的原因中受家庭影响的比重很大，原生家庭对中职生关爱的缺失和家长的不作为，导致相当一部分中职生将自己的情感宣泄寄托在男女朋友上，这成为中职生恋爱普遍的重要催化剂。因此，加强家校合作，积极拓展家校合作渠道，帮助家长树立正确的教育观，让家长及时了解孩子的状态并配合学校进行教育至关重要。

单元活动

1.活动主题

异性交往。

2.活动目的

（1）学习与异性交往的有效方式。

（2）学会把握异性交往的度。

（3）提高与异性交往的能力。

3.活动方法

（1）团体游戏。

（2）小组讨论。

（3）头脑风暴。

4.活动程序

活动 （40分钟）	步骤	活动资源
导入环节 （5分钟）	一个有趣的传说：有一个老和尚把一个弃婴带到了深山里的庙中抚养。小和尚到了15岁还没有下过山，也没见过其他人。有一次，老和尚带他下山去看看。小和尚看到一个姑娘，奇怪地问老和尚："这是什么？"老和尚怕他动凡心，就骗他说："这是老虎，会吃人的！"后来小和尚又看到了许许多多从未见过的事物。回山后，老和尚问他："你今天看到的东西中什么最可爱？"小和尚不假思索地说："吃人的老虎最可爱！" 　　每个人天生就具有性的潜能，性是一个人的生命自然而健康的组成部分；性有其肉体的、伦理的、社会的、精神的和心理的各个层面，把这些层面结合起来表现的性才是健康的；人生不同阶段的性意识和性行为标志着人的社会化成熟程度。	多媒体课件

活动 （40分钟）	步骤	活动资源
活动形式 （25分钟）	一、我的朋友圈 请学生谈感受：为什么没有异性朋友、为什么能结交到不少异性朋友、与异性朋友交往过程中的感觉、异性朋友在同伴交往中所起的作用。（均用一句话表达） 二、情境讨论 1.情境一：两个班的学生同去春游，在用餐分组时，A班的班主任将女生分成一组，男生分成一组；B班的班主任正好相反，每一桌既有男生也有女生，而且每组的男女生比例大致相同。 用餐完毕，发现其中一个班的桌上杯盘狼藉，"惨不忍睹"；而另一个班的桌上则相对来说非常整洁。 你判断一下哪个班的餐桌更整洁？为什么？ 2.情境二：秋游运动会。 有一个大学新生班的班主任，遇到一个很头痛的问题，就是他负责管理的班级，男生宿舍特别的脏和乱，他多次指出，但男生们却不以为然。后来班主任突发奇想，进行了一次特殊的活动，彻底改变了这种状况。 你知道班主任的"绝招"是什么吗？为什么？ 三、吹气球 活动设计：在异性交往中接纳的心理形成了，困惑消除了，那么还需要注意些什么呢？当然是交往的"度"了。理论说教肯定是不行的，可设计一个体验活动：吹气球。 1.每个小组派出一位同学来参与"吹气球"比赛。 2.宣布比赛规则：等老师宣布开始后，大家尽力地吹气球，看哪个组的同学能将气球吹到最大，就算哪个组获胜。在这个过程中，总是有同学因为急于获胜而用力过度把气球吹破了。 3.请吹破气球的同学谈感受：一味地想将气球吹大，结果反而让它成了碎片。（如果没有同学把气球吹破，就请同学设想一下，如果再用力吹，会怎么样？） 教师点评：看来这里有一个"度"的问题，如果我们在异性交往中无法把握好这个度的问题，也会让这份美好的情感成为碎片。老师送给大家一句话："男孩女孩，你们之间有一种情感很美好，它不是爱情，但沿途的风景却很美。"	教师指导，全体学生参与

续表

活动 （40分钟）	步骤	活动资源
活动形式 （25分钟）	四、男女生公约 活动设计：最欣赏异性的特点。 1. 把班级按性别分成两组。 2. 把黑板用"｜"分成2个板块，分别讨论男生心目当中最欣赏女生的特点，女生心目当中最欣赏男生的特点。 3. 每个人提供一个简练的形容词，把它写在黑板上面。 4. 加工：如果每一个词得到同性半数以上的人同意，予以保留，否则删除；把近义的词合并，简化黑板上的词汇数量；对保留的词进行再次投票，取前三名词汇，进行详细的讨论。 五、谈看法 教师：赢得更多的朋友，交往的技巧很重要，更重要的是一个人的人格魅力，请同学们分成男女生两组，讨论你们心目中出色的异性应该是什么样的，将讨论结果写在大纸上。 最后每组派一位代表发言。	教师指导，全体学生参与
活动总结 （5分钟）	教师：人的容貌、身高等是天生的，我们很难去改变它，但是一个人的气质内涵是可以通过我们的努力获得的，老师真心希望你们通过自己的努力成为出色的人，成为受欢迎的人。 引导思路：从积极的角度提出理想的异性形象。	多媒体 教学平台
自我评价 （5分钟）	1. 今天我学到的是：＿＿＿＿＿＿＿＿＿＿＿＿＿＿ 2. 这次活动给我印象最深的是：＿＿＿＿＿＿＿＿＿ 3. 这次活动给我的感受是：＿＿＿＿＿＿＿＿＿＿＿ 4. 我想对老师说：＿＿＿＿＿＿＿＿＿＿＿＿＿＿	多媒体 教学平台

5. 活动建议

活动	建议
我的朋友圈	先让学生思考，然后根据教师的提问说一说学生各自的"朋友圈"是怎样的。
情境讨论	引导思路：中职生情感丰富，情绪容易起伏波动，主要是由于思春心理出现。表现为注重自我形象，有强烈的自我表现欲望，渴求得到异性伙伴的肯定与接纳。 教师指导：中职生之间异性相互吸引常以各种方式主动接近异性，并希望得到对方积极的反应。 表现：注意自身在异性心目中的地位和形象，打扮仪表。

续表

活动	建议
吹气球	教师引导学生注意异性交往要把握度。
男女生公约	在活动过程中，教师要引导健康的青春期男女生形象。
谈看法	注意引导学生理性谈论对于异性的看法，从欣赏的角度出发。

6.活动延伸

活动	内容	建议
填写"人际关系综合诊断量表"（附件1-4）	目的：综合诊断学生的人际关系。 学生填写完之后自己先对结果进行分析，教师收集学生的填写结果，分析学生的人际信任情况，对较为集中的问题采用主题班会或专题讨论等形式进行疏导。	学生根据自己的实际交际情况与同学进行交流，教师鼓励学生在必要的情况下主动找教师倾诉，解决人际交往中的困惑。
心理剧场（附件1-5）	分角色表演四个场景，通过对话和心理活动展示异性交往时的心理，推动中职生异性交往的健康发展。	教师分配好角色，准备好参加剧场表演时的道具和剧本，组织表演秩序。

7.活动资源

附件1-4　人际关系综合诊断量表

按语：我们从小学、初中到现在的职中，在不同的班集体中认识了不少的同学，我们在学习中产生了友谊，也不乏冲突。你觉得自己有没有良好的人际关系？或者有什么在困扰你与他人之间的交往？

试着做一做下面的测试题，也许能帮你看清楚一些问题。这是一份关于人际关系状况的测试，一共28个问题，每个问题作"是"或"否"两种判断，"是"记1分，"否"记0分。请凭借第一直觉作答，并在记分表中记分。本测评是由北师大郑日昌教授编制的《人际关系综合诊断量表》，将从交谈方面、交友方面、待人接物、同异性交往等方面评估你当前的人际状况，并给出人际改善建议。

1.关于自己的烦恼有口难言。

2.和陌生人见面感觉不自然。

3.过分羡慕或嫉妒别人。

4.与异性交往太少。

5.对连续不断的交谈感到困难。

6.在社交场合感到紧张。

7.时常伤害别人。

8.与异性来往感觉不自然。

9.与很多朋友在一起常感到孤寂或失落。

10.极易受窘。

11.与别人不能和睦相处。

12.不知道与异性相处如何适可而止。

13.当不熟悉的人对自己倾诉他的生平遭遇以求同情时，自己常感到不自在。

14.担心别人对自己有什么坏印象。

15.总是尽力使别人欣赏自己。

16.暗自思慕异性。

17.时常避免表达自己的感受。

18.对自己的仪表（容貌）缺乏信心。

19.讨厌某人或被某人所讨厌。

20.瞧不起异性。

21.不能专注地倾听。

22.自己的烦恼无人可申诉。

23.受别人排斥与冷漠。

24.被异性瞧不起。

25.不能广泛地听取各种意见、看法。

26.自己常因受伤害而暗自伤心。

27.常被别人谈论、愚弄。

28.与异性交往不知如何更好地相处。

评分：教师进行总体评述和各项得分分析。

A	题目	1	5	9	13	17	21	25	小计
	分数								
B	题目	2	6	10	14	18	22	26	小计
	分数								
C	题目	3	7	11	15	19	23	27	小计
	分数								

	题目	4	8	12	16	20	24	28	小计
D	分数								
总分									

测查结果的解释与辅导：

如果你得到的总分是 0～8 分，那么说明你在与朋友相处上的困扰较少。你善于交谈，性格比较开朗，主动关心别人，你对周围的朋友都比较好，愿意和他们在一起，他们也都喜欢你，你们相处得不错。而且，你能够从与朋友相处中得到乐趣，你的生活是比较充实而且丰富多彩的，你与异性朋友也相处得比较好。一句话，你不存在或较少存在交友方面的困扰，你善于与朋友相处，人缘很好，获得许多的好感与赞同。

如果你得到的总分是 9～14 分，那么说明你与朋友相处存在一定程度的困扰。你的人缘很一般，换句话说，你和朋友的关系并不牢固，时好时坏，经常处在一种起伏波动之中。

如果你得到的总分是 15～28 分，那就表明你在与朋友相处上的困扰较严重，分数超过 20 分，则表明你的人际关系困扰程度很严重，而且在心理上出现较为明显的障碍。你可能不善于交谈，也可能是一个性格孤僻的人，不开朗，或者有明显的自高自大、讨人嫌的行为。

以上是从总体上评述你的人际关系。下面将根据你在每一横栏上的小计分数，具体指出你与朋友相处的困扰及可供参考的纠正方法。

记分表中 A 横栏上的小计分数，表示你在交谈方面的困扰程度。

如果你的得分在 6 分以上，说明你不善于交谈，只有在极需要的情况下你才同别人交谈，你总难于表达自己的感受，无论是愉快还是烦恼；你不是个很好的倾诉者，往往无法专心听别人说话或只对单独的话题感兴趣。

如果你的得分是 3～5 分，说明你的交谈能力一般，你会诉说自己的感受，但不能讲得条理清晰；你努力使自己成为一个好的倾听者，但还是做得不够。如果你与对方不太熟悉，开始时你往往表现得拘谨与沉默，不大愿意跟对方交谈，但这种局面在你面前一般不会持续很久。经过一段时间的接触与锻炼，你可能主动与对方搭话，同时这一切来得自然而非造作，此时，表明你的健谈能力已经大为改观，在这方面的困扰也会逐渐消除。

如果你的得分是 0～2 分，说明你有较高的交谈能力和技巧，善于利用恰当的谈话方式来交流思想感情，因此在与别人建立友情方面，你往往比别人获得更多的成功。这些优势不仅为你的学习与生活创造了良好的心境，而且常常有助于你成为伙伴中的领袖人物。

记分表中 B 横栏上的小计分数，表示你在交际方面的困扰程度。

如果你的得分在 6 分以上，则表明你在社交活动与交友方面存在着较大的困扰。比如，在正常集体活动与社交场合，你比大多数伙伴更为拘谨；在有陌生人或老师存在的场合，你往往感到更加紧张而且思绪被扰乱；你往往过多地考虑自己的形象而使自己处于被动、越来越孤独的境地。总之，交际与交友方面的严重困扰，使你陷入"感情危机"和孤独困窘的状态。

如果你的得分是 3～5 分，则往往表明你在被动地寻找被人喜欢的突破口。你不喜欢独自一个人待着，你需要和朋友在一起，但你又不太善于创造条件并积极主动地寻找知心朋友，而且你心有余悸，生怕主动行为后的"冷"体验。

如果得分低于 3 分，则表明你对人较为真诚和热情。总之，你的人际关系较和谐，在这些问题上，你不存在较明显持久的困扰。

记分表中 C 横栏的小计分数，表示你在待人接物方面的困扰程度。

如果你的得分在 6 分以上，则往往表明你缺乏待人接物的机智与技巧。在真实的人际关系中，你也许常有意无意地伤害别人，或者你过分地羡慕别人以致在内心妒忌别人。因此，其他一些同学可能回报你的冷漠、排斥，甚至是愚弄。

如果你的得分是 3～5 分，则往往表明你是个多侧面的人，算得上是一个圆滑的人。对待不同的人，你有不同的态度，而不同的人对你也有不同的评价。你讨厌某人或被某人所讨厌，但你却极喜欢另一个人或被另一个人所喜欢。你的朋友关系某方面是和谐的、良好的，某些方面却是紧张的、恶劣的。因此，你的情绪很不稳定，内心极不平衡，常常处于矛盾状态中。

如果你的得分是 0～2 分，表明你尊重别人，敢于承担责任，对环境的适应性强。你常常以你的真诚、宽容、责任心强等个性获得众多的好感与赞同。

记分表中 D 横栏的小计分数，表示你跟异性朋友交往的困扰程度。

如果你的得分在 5 分以上，说明你在同异性交往的过程中存在较为严重的困扰。你过分思慕异性或对异性持有偏见，这两种态度都有它的片面之处，也许使你不知如何把握好与异性朋友交往的分寸而陷入困扰之中。

如果你的得分是 3～4 分，表明你与异性朋友交往的困扰程度一般，有时觉得与异性朋友交往是一件愉快的事，有时又会认为这种交往似乎是一种负担，你不懂得如何与异性交往保持什么样的分寸最适宜。

如果你的得分是 0～2 分，表明你懂得如何正确处理异性朋友之间的关系。对异性朋友持公正的态度，能大大方方地自自然然地与他们交往，并且在与异性朋友交往中，得到了许多从同性朋友那里不能得到的东西，增加了对异性的了解，也丰富了自己的个性。你可能是一个非常受欢迎的人，无论是同性朋友还是异性朋友，多数人都很喜欢你和赞赏你。

附件1-5　心理剧场——错爱

旁白：开学不久，天空云雾笼罩，小艾从车站独自向学校方向走着。

同学A：（从小艾身后跑来，大声道）小艾早！

小艾：（吓了一跳，抬起原本低着的头，轻声说了句）嗯……（继续低头前进）。

同学A：哼！还是这么胆小……

第一幕

同学A：喂！你知道吗？隔壁原来的班级换了。听说现在这班级里有个帅哥，家世好、人品好，还长得很帅呢！

同学B：我也听说了，气质还很不错呢。我见过一眼，可惜没说上话……哎……

老师：好了，同学们，安静！现在我们开始上课，继续上节课的内容，我们来请一位同学念一下下段课文，小艾同学，念一下。

小艾：（超轻音量）曲曲折折的河塘上面，弥望……

老师：请响亮一点好吗？

小艾：（停了停，以稍高音量）曲曲折折的河……

老师：算了，有点勉强啊，我们另找一位同学。

所有人：哈哈哈哈哈……课文都读不来。（正好下课铃响）

小艾：（跑出教室，坐在后楼梯口，头埋在双膝间）。

心灵：小艾，怎么了？小小的挫折就能击退你吗？你就这么脆弱？

小艾：不……不行……我做不到……

心灵：你可以的，小艾，加油啊！

小骏：（路过看见小艾）怎么了，小女孩？快上课了，进教室眼睛肿着会被同学笑哦！

小艾：我不想进去，眼睛不肿也会被笑。（小艾仍低着头）

小骏：（疑惑地问）为什么？

小艾：我胆子小，同学们欺负我……念课文的声音轻……同学们都嘲笑我……

小骏：那你为什么不争气一点，别让同学们看不起自己啊！

小艾：（抱头大叫）做不到！做不到！我做不到啊！！！

小骏：哎哟！这么大声……勇气可嘉啊！

心灵：小艾，你不是可以嘛！

小艾：（恍然觉悟，慢慢地抬起头，看了一眼对方，忽然发现对方很帅）谢……谢谢……

小骏：快上课了，快进教室吧，我的教室就在你班隔壁，是刚从其他学校转来的，以后有什么事情可以来找我。

小艾：真的可以吗？（质疑）

小骏：我叫小骏。你呢？

小艾：（真好听的名字）我叫小艾。谢谢你！（小艾跑回教室）

老师：我们继续上课，请同学念……

（小艾忽然举起手）

老师：小艾同学，你可以吗？如果不行也不用勉强，可以回家慢慢练的。

小艾：（开始觉得有点后悔自己的盲目了，却又不想再次被同学们笑话，于是大声回答）可以！

旁白：小艾大声地将课文流利地念完，赢得了老师和同学们的掌声。

小艾：（坐下）我真的做到了。Yes！（暗自兴奋）

同学A：我知道了，原来隔壁班的帅哥叫小骏。

同学B：哇！真帅！连名字都好听！一定有很多女孩子喜欢他吧！

小艾：原来是他……（下课铃响）

（放学）

小艾：（走到校门口，看见小骏从后面追上来）谢……谢谢你……我做到了！

同学B：（气愤、嫉妒地站在小骏边上）小艾，你们怎么认识的？

小骏：（对同学B说）对不起，我有事，不能和你一起回家了。（和小艾一起离开）怎么样？

小艾：（兴奋地说）我做到了。

小骏：怎么样，看见别人惊奇的目光很爽吧？

小艾：（微笑）嗯！（小艾到家）

第二幕

同学B：（把小艾叫到学校的花园）昨天我没眼花吧？你怎么和小骏一起回家？

小艾：嗯！

同学B：不声不响的，到挺会搭的嘛！（推小艾）

小骏：（经过）你干什么？别再让我看见你欺负她。（拉着小艾离开）

旁白：以后的一个多月，小艾几乎每天和小骏一起上下学。小艾无形之中把小骏当成了自己的支柱、靠山。

第三幕（家里）

小艾：他鼓励我，保护我。我越来越喜欢他了。我……爱上他了……

心灵：小艾，你不能这样认为，人家只是想帮你而已。

小艾：不，我喜欢他，我要告诉他。我决定了！

旁白：小艾将小骏约到第一次见面的楼梯口。

小艾：（对着小骏，很认真的样子）小骏，我……喜欢你！

小骏：啊？（小骏呆了，不知道怎么是好）

小艾：我喜欢你，很喜欢很喜欢你……

小骏：你……为什么会这样认为？我想……你可能是误会了……

小艾：没有……你人很好，还会鼓励我，保护我。对我也很好……所以我好喜欢你……

小骏：小艾……你……我想你是误会了。一定是误会了……我只是把你当作妹妹啊！

小艾：会吗？还是你不喜欢我？（低下头走开了）

旁白：小艾认为小骏再也不会理他了，觉得可能是自己太唐突了，小艾很伤心，走着走着，上了学校的天台。

小艾：是他不喜欢我还是我误会了？……是他不喜欢我……还是我……误会了……（不断地轻声重复着）

旁白：到了天台上，被上课的体育老师拉下来，送去了心理辅导室。小艾来到心理辅导室，老师倒了杯温水给小艾。

老师：说说你的麻烦吧！

小艾：（沉默许久）我……原本是个胆小，是一个没自信的女孩（沉默）……后来，遇到一个男孩，他鼓励我、保护我，我觉得自己很喜欢他甚至爱上他了……今天……我告诉他，我喜欢他。可是他说这是错觉，是我误会了……我现在好困惑……他是不是会看不起我……再也不理我了？

心理老师：（摸了摸小艾的头笑笑）小艾，自信是自己建立的。现在你只是依赖小骏给予你的鼓励，让你觉得有种信赖感，那并不是喜欢，更不是爱。对于给你帮助的人，你不仅要感谢他，你还要自己更坚强，靠自己的力量做得更好来向他证明，证明你已经不是当初的那个你了，也已不是凡事都依赖他的小艾了。你也可以自己保护自己，鼓励自己，不是吗？

小艾：（沉默低头很久很久）嗯……我知道了。老师，对不起，给您添麻烦了。（离开心理辅导室）

小艾：是啊，我已经不是当初那个坐在楼梯口哭泣的女孩子了。我还怕什么呢？不管他以后理不理我，我都要做好我自己啊！

第四幕

旁白：小艾回教室，途中遇到小骏。

小艾：对不起，我误会了。我知道该怎么做了，我会做得更好的，向自己证明，再也不会让别人看不起自己了。你……会生气，会不理我吗？会为我这个傻妹妹做的事生气吗？

小骏：没关系，加油啊！

小艾：嗯！

旁白：这出心理剧告诉我们，心理健康的人一定是自信的人。每个人就如天上的恒星，不管别人是否看得到它，它总在那里发光发热。自信一些，勇敢一些吧！

心理咨询师点评：剧中的小艾错把友情当作恋情，想入非非；小骏则能够把握好友情与恋情的界限。作为男生，小骏阳光、乐于助人，值得同学们好好学学。作为女生，小艾在小骏的帮助下并通过自我挣扎，成为一个阳光女孩。所以，在中职学习阶段，男生与女生建立友谊关系更为合适。

想一想

小艾的转变对你有哪些启发？你认为中职阶段男女生如何交往较为合适？

单元五　人际冲突

学习目标

1. 帮助学生体会人际交往中不同角色的不同感悟，丰富学生对交际对象的理解。

2. 让学生理解在人际交往过程中，冲突和矛盾在所难免，要掌握正确的交际技巧，化解交际矛盾。

知识储备

一、人际交往的心理效应

社会心理学研究表明，在人际交往中有一些非常的心理现象，把握好人际中的心理效应，对人际交往很有意义。

（一）首因效应

首因效应也就是我们日常生活中所说的第一印象，指在一定条件下最先映入认知者视野中的信息，在形成印象时占优势。

（二）晕轮效应

晕轮效应又称光环效应，是印象形成中产生偏见的一种心理现象，即判断者常从或好或坏的局部印象出发，扩散性地得到或全部好或全部坏的整体印象。

（三）定式效应

定式效应是指人在认识特定对象时的心理准备状态，这种准备状态容易使人对知觉对象以某种习惯（思维）的方式进行判断而产生心理活动。

（四）空间距离效应

下面4种距离，与对方的关系相称。

（1）亲密距离：15厘米之内，也就是"亲密无间"，彼此间可能肌肤相触，能感受到对方的体温、气味和气息。

（2）个人距离：46～76厘米，也就是半臂到一臂距离，正好能互相握手、友好交谈，是熟人交往的空间距离。陌生人如果进入这个距离会构成对别人的侵犯。

（3）社交距离：1.2～2.1米，一般在工作环境和社交聚会上，人们都保持这种较正式关系的距离。

（4）公众距离：3.7～7.6米，是公开演说时演说者与听众所保持的距离。

由此可见，互相交往时空间距离的远近，是交往双方之间是否亲近、是否喜欢、是否友善的重要标志。

（五）冷热水效应

一杯温水，保持温度不变，另有一杯冷水和一杯热水。当先将手放在冷水中，再放到温水中，会感到温水热；当先将手放在热水中，再放到温水中，会感到温水凉。同一杯温水，出现了两种不同的感觉，这就是冷热水效应。这种现象的出现，是因为人人心里都有一杆秤，只不过秤砣并不一致，也不固定。随着心理的变化，秤砣也在变化。当秤砣变小时，它所称出的物体质量就大，当秤砣变大时，它所称出的物体质量就小。人们对事物的感知，就是受这秤砣的影响。在人际交往中，要善于运用这种冷热水效应。

二、人际交往秘诀与吸引定律

（一）秘诀

（1）留好第一印象。

（2）展示魅力微笑。

（3）学会有效倾听。

（4）巧妙表达拒绝。

（二）人际吸引七定律

（1）相似律：兴趣、爱好等相似的人彼此吸引。

（2）互补律：需求、性格等互补的人彼此吸引。

（3）对等率：人喜欢同样喜欢自己的人。

（4）接近律：感情来自接触。

（5）黄金定律：你希望别人怎样对待你，你就怎样对待别人。

（6）白金法则：别人希望你怎样对待他，你就怎样对待他。

（7）钻石定理：真心地欣赏、称赞、激励别人。

三、人际交往的模式

与朋友交往的心态有以下四种基本模式：

1.你好—我不好

这种人在与朋友交往时，总是妄自菲薄，而对朋友过分恭维和依赖。

2.我好—你不好

这种人自视颇高，瞧不起朋友，把朋友间的矛盾推卸给对方。

3.我不好—你也不好

这种人对自己和他人都不认可，既不会去关爱朋友，也拒绝朋友的关心。

4.我好—你也好

这种人对自己和朋友都充满信任和关爱，能客观地接纳、肯定自己和他人。

在这几种交友心态中，第四种最为健康，保持这种心态，就能在和朋友的互动中共同提高，建立起默契而长久的友谊。第一种交友模式，更多体现出一种自卑的心态；第二种模式，往往是自我中心的观念在作祟；第三种模式，其实更多的是嫉妒或猜忌心理使然。这些不良的心理状态，如果任其滋生蔓延，不但会让朋友之间发生各式各样的争吵和不愉快，严重时甚至还会影响自身的心理健康。

单元活动

1. 活动主题

人际冲突。

2. 活动目的

（1）帮助学生改变对人际冲突的消极看法。

（2）协助学生掌握解决人际冲突的基本技巧。

3. 活动方法

（1）团体游戏。

（2）小组讨论。

（3）头脑风暴。

4. 活动程序

活动 （40分钟）	步骤	活动资源
导入环节 （5分钟）	1.活动过程：将全体学生以10人左右为一组分成不同组，手拉手站成一个圈，让小组成员看清楚自己的左右手是谁，确认后松手。然后小组成员可在圈内自由走动，直到教师喊停。要求小组成员手拉手，以钻、跨、绕的形式还原成最初的一个圈。	教师指导，全体学生参与
导入环节 （5分钟）	2.小组讨论： 　（1）一开始面对这个"结"的时候，感觉是怎样的？通过解开这个"结"，你的感觉变了吗？你觉得成员间的关系发生了什么变化？（未解开时提问：当努力了很久"结"都没有解开，你的感觉是怎样的？想到放弃了吗？） 　（2）在现实生活中，你是否也有这样的心"结"？你的心态是怎样的，如果很久都无法处理矛盾，你会怎么办？ 　（3）大家运用了哪些方法来解开这个"结"？联系现实生活，这对你解决人际矛盾有何启示？ 　3.小组代表分享讨论结果。	教师指导，全体学生参与

活动 （40 分钟）	步骤	活动资源
活动形式 （25 分钟）	一、案例分析：人际矛盾 AB 剧 1. 剧情： 剧情 1：室友很懒，每次值日时都不打扫卫生，引起了全寝室同学的不满； 剧情 2：好朋友向你借作业抄，你不想借，但又碍于情面； 剧情 3：同学未经你的同意就翻看了你的日记。 2. 每个小组内讨论解决上述人际矛盾的方法，并用小品的形式表演至少一个剧情。 3. 表演时停止讨论，注意观察小品的合理与不合理处。 4. 所有学生一起来讨论以上各种解决方案的可取之处和不合理之处。 二、训练营：角色扮演 1. 教师讲解：同学们，大家想一想，在角色扮演中，如果你在受到妈妈责备之后生气了，和妈妈吵了起来，那么你们还能很好地解决冲突吗？ 2. 学生活动： （1）两人一组进行抽签。 （2）根据签上所写内容进行角色扮演，重点针对调控情绪和有效解决冲突的办法进行演练，从各种解决办法中挑选出最好的处理方法和最差的处理方法。 （3）各组同学将本组的演练内容在全班展示。 （4）请部分学生谈谈在演练过程中的感受。 3. 教师小结：冲突中调控情绪的技巧有拖延法、数数字、消除紧张、合理宣泄、换位思考等。	教师指导，全体学生参与
活动总结 （5 分钟）	今天我们一起学习讨论了如何能够更好地处理日常生活中的冲突，希望大家能够将今天所学的内容应用到现实生活中，运用我们学到的方法更好地处理生活中的各种冲突事件，让这些冲突事件成为我们增进感情、完善与他人关系的积极事件。	多媒体 教学平台
自我评价 （5 分钟）	1. 今天我学到的是：＿＿＿＿＿＿＿＿＿＿ 2. 这次活动给我印象最深的是：＿＿＿＿＿＿ 3. 这次活动给我的感受是：＿＿＿＿＿＿＿＿ 4. 我想对老师说＿＿＿＿＿＿＿＿＿＿＿＿＿	多媒体 教学平台

5.活动建议

活动	建议
案例分析：人际矛盾 AB 剧	教师将学生进行分组，分配情景，让学生自行编写剧本，并安排人员表演。教师总结解决人际冲突的基本方法，如：改变对人际冲突的消极看法；以合作代替竞争，实现双赢；学会换位思考，宽以待人；积极地进行沟通，真诚地表达自己的意见和需求。
训练营：角色扮演	本次活动通过创设情境，进行角色扮演游戏，帮助学生深化对各种冲突解除办法的理解和运用，帮助他们将课堂所学内容与自身的现实生活联系起来。教师可以安排不同角色的学生谈谈自己的体会，加深其他学生对不同角色的理解与感悟。

6.活动延伸

活动	内容	建议
我们在人际交往过程中有哪些心理？	人际交往的心理效应	先让学生思考、讨论、发言，再出示"人际交往的心理效应"，让学生阅读，从社会心理学层面了解人际交往中的一些心理现象。
在与人交往的过程中有哪些秘诀？该如何与人和谐交流？	人际交往的秘诀与吸引定律	在本次所学知识的基础上，结合"人际交往秘诀与吸引定律"总结与人交往的技巧与要点，帮助学生更好地融入集体。
总结人际交往的几种模式	人际的交往模式	先让学生根据以往所学与实际经验总结出几种模式，再根据"四种人际交往模式"进行总结，明确人际交往可能出现的情况。

单元六　避免暴力欺凌

学习目标

1.通过扮演暴力霸凌过程中的不同角色，体会霸凌者和受害者的心境，从而避免校园霸凌现象。

2. 通过游戏活动与教师指导，促进学生形成健全的人格，帮助学生树立正确的交际观念，顺利融入集体。

知识储备

一、校园暴力与校园欺凌的含义

所谓校园暴力是指发生在校园，由教师、同学和校外人员针对学生身体和精神实施的，达到某种严重程度的侵害行为。校园暴力包括行为暴力、语言暴力和心理暴力。

（1）行为暴力在校园暴力现象中最为普遍。行为暴力主要指打架斗殴、敲诈勒索、抢劫财物等一系列对人身及财物达到某种严重程度的侵害行为。

（2）语言暴力主要是指通过语言对人的精神达到某种严重程度的侵害行为，包括起侮辱性外号、造谣诬蔑等行为。

（3）心理暴力主要是指通过言语、行为或其他方式对人的精神造成某种严重程度的侵害行为。如恐吓、侮辱、排斥、歧视、孤立等行为都是心理暴力行为。

校园欺凌与校园暴力之间只存在量的差异，没有质的区别。校园欺凌一般是指力量占优势的一方（一人或多人）对力量相对弱小的一方实施的攻击性行为。通常是以大欺小、以多欺少、恃强凌弱，令受害者在心灵及肉体上感到痛苦。校园欺凌通常都是重复发生，而不是单一的偶发事件。

二、校园暴力与校园欺凌的危害

不管是校园暴力还是校园欺凌，都会对受害者造成伤害，构成心理问题，影响健康，甚至影响人格发展，如身心影响（恐惧、消沉、抑郁、创伤后遗症、忧虑、胃痛、吸毒、酗酒、自残、自杀等）和其他影响（常常逃学、对老师不恭敬、寻求黑社会报复、诉讼等）。

单元活动

1. 活动主题

冷静处理矛盾，避免暴力欺凌。

2. 活动目的

（1）正确处理矛盾，远离暴力欺凌。

（2）培养正确的观念意识，冷静处理欺凌现象。

（3）增强自制力，提高自身人格修养。

3.活动方法

（1）案例分析。

（2）小组讨论。

（3）情景小剧场。

4.活动程序

活动 （40分钟）	步骤	活动资源
导入环节 （5分钟）	1.出示《方超的故事》，由案例导入课程（附件1-6）。 2.学生阅读后，提问： （1）故事的主人公方超遇到了什么问题？他是如何解决的？ （2）你遇到过类似的问题吗？你认为应该如何解决？	附件1-6
活动形式 （25分钟）	一、教师分析案例 　　美好的青春岁月，珍贵的师生情谊，多彩的校园生活多么值得我们珍惜和留恋。然而，一些不安全因素却给我们宁静而美丽的校园蒙上了一层阴影。 　　案例中的方超从心理学上讲存在人际关系中的焦虑心理。因为瘦弱胆小，他在校园遭到一些"霸王"的欺凌和勒索，又因为怕报复，不敢向父母和老师报告。本是受害一方的方超"豁出去了"，雇了几个小混混，"以暴制暴"，把其中一个"霸王"打成中度脑震荡，而曾经受人欺负的方超却因故意伤害罪被劳教。面对校园暴力欺凌，方超不能冷静处理矛盾，理智化解冲突，其结局是两败俱伤。两个正值青春年华的同学，一个要在劳教所度过一段漫长的岁月，一个可能以后连自己正常的学习和生活都难以应付，可惜，可悲，可叹！ 二、小组讨论 教师：什么是校园暴力呢？ 学生可以根据自己的理解回答。 教师总结。 三、情景小剧场 教师：如何冷静处理矛盾，避免自己成为施暴者或受害者呢？ 场景1：学生作为受害者。 教师：如果你是受害者，你会怎么做呢？ 两名学生扮演"施暴者"，一名学生扮演"受害者"。	教师指导，全体学生参与

活动 （40 分钟）	步骤	活动资源
活动形式 （25 分钟）	施暴者 1：看你的穿着打扮家里一定很有钱吧？从今天开始我来保护你，但是你每天要交 10 元的保护费！ 施暴者 2：如果不交保护费或者把这件事告诉家长和老师，那你就惨了！ 两名施暴者威胁并推搡受害者。 教师：受害者同学，这时你会怎么做呢？ 受害者做法 1："老师，我遇到了一件很害怕的事，学校的两名同学 ×× 和 ×× 让我交保护费，还威胁我不要告诉老师和家长。" 受害者做法 2：尽量不要一个人待着，如果不得已，尽量待在人多的地方。 受害者做法 3：不理睬。如果有人冲我喊，让我交出我的午饭钱，不理睬他，装作没听见，继续走自己的路。 受害者做法 4：在走廊里或者操场上的时候，要留心谁在我的前面或后面，这有助于避免遭殃。 场景 2：如果你想找茬儿。 学生做法 1："老师，我很看不惯班上的 ××，甚至想收拾他，但是又觉得自己的这种心理是不健康的，我该怎么办呢？" 学生做法 2："我不能那样做，如果我是对方的话，我肯定会觉得很害怕、很恐惧，而且不能解决任何问题。" 学生做法 3："我这样做值得吗？如果我发泄完了被家长和老师知道了，可能会受到处罚，同学们也会认为我是个不友好的人，得不偿失啊！"	教师指导，全体学生参与
活动总结 （5 分钟）	目前，中职学校的暴力现象已呈现上升趋势，学生在校学习，除面对学习压力，还要面对暴力等人际冲突的压力。在这样的情况下，学生往往会表现出焦虑、紧张，没有安全感，总是担心自己会成为暴力的受害者。另外，部分学生为了不被人欺负，要保护自己，不得不借助黑恶势力，拉帮结派，如此又处于打架斗殴事件不断发生的恶性循环之中，给自身的学习、生活，甚至人身安全带来极大的威胁和影响。因此，中职生一定要学会冷静处理矛盾，避免暴力欺凌！	多媒体教学平台
自我评价 （5 分钟）	1. 今天我学到的是：_____ 2. 这次活动给我印象最深的是：_____ 3. 这次活动给我的感受是：_____ 4. 我想对老师说：_____	多媒体教学平台

5. 活动建议

活动	建议
教师分析案例	活动前教师带领学生阅读案例故事，理解故事情节，了解故事主人公发生了怎样的故事。
小组讨论	教师在引导学生分析校园暴力的类型时，可以提前做一个调查，看班级中有多少人曾经受到过校园暴力，对其中心理受伤比较严重的学生应记录下来，课后联系学校心理部门对学生展开针对性疏导，维护学生的心理健康。 教师带领学生认识校园暴力的类型。
情景小剧场	教师安排学生扮演不同的角色，可以让同一个学生分别体验"施暴者"与"受害者"的角色，体会两种角色的不同心理，以避免校园暴力的产生。

6. 活动延伸

活动	内容	建议
构建青春安全岛从我做起	以班级为单位，开展一次构建青春安全岛演讲与签名活动。每个小组选出一名代表，在安全岛前发表演讲，告诉学生如何从自身做起，拒绝校园暴力。然后，所有学生在安全岛上签上自己的名字并留言。 我的感悟与收获：＿＿＿＿＿＿＿＿＿＿ ＿＿＿＿＿＿＿＿＿＿＿＿＿＿＿＿＿＿	教师指导学生分组开展，学生自行选出代表发言，完成课外活动。
自制力测试（附件1-7）	通过答题的方式检测学生的自制力，帮助学生认识自我情绪的掌控能力。	学生自行作答，将测试结果进行讨论，对于疑惑的地方，主动请教老师。
名言警句（附件1-8）	通过名言警句，浓缩本次课的精华，让学生领悟并升华本次课的主题。	学生自行阅读并理解其中的内涵。

7. 活动资源

附件1-6　方超的故事

方超（化名）是某职业学校机电专业二年级学生，长得比较瘦弱，胆子也小，因此，经常受到学校中一些"霸王"的欺负。刚开始是帮助这些"霸王"拿这拿那，有时还要买些小东西来慰劳他们。一次，"霸王"们向方超"借"五十块钱，方超没有，"霸王"们不容分说，对方超就是拳打脚踢，并警告方超说："敢告诉家长或老师就让你吃不了兜着走！"方超心里又气又怕，只有向同学借钱，但怎么也经不住"霸王"们隔三岔五的勒索。方超夜里常做噩梦，醒来后惊出一身冷汗，因为怕报复，又不敢向父母和老师说，这种日子他再也不愿过下去了。于是，一个可怕的念头产生了："豁出去了，我要雇人报复他们，让他们尝尝厉害。"想到这里，他一下子变得激动起来，好像要过上新生活般的兴奋。方超偷了父母一笔钱，雇了几个常在校园外游荡的小混混，在一天下午放学的时候，把最常欺负他的一个"霸王"堵在了一个小胡同里，几下就把他摁倒在地，方超像疯了一样对他拳打脚踢，长期以来的委屈和怒气像火山一样爆发……等他觉得打累了时，才发现躺在地上的"霸王"一声不吭，仔细一看，方超慌了："他死了吗？"这句话一说出口，吓得小混混们撒腿就跑。方超脑子一片空白："我打死人了，我打死人了……"多亏发现及时，经诊断，"霸王"身上、脸上多处重伤，中度脑震荡，可能会给以后的学习和生活带来很严重的影响。而曾经受人欺负的方超因故意伤害罪被劳教，父母还要为对方支付昂贵的医疗费。两个正值青春年华的同学，一个要在劳教所度过一段漫长的岁月，一个可能以后连自己正常的学习和生活都难以保障。

附件 1-7　自制力测试

按语：根据你的实际情况，对下列各题作出选择。

1.当你正在埋头做一件急事时，朋友来找你倾诉苦闷，你怎么办？（　　）

A.放下手中的事情，听他倾诉，但心中很不快

B.显得很不耐烦

C.似听非听，但还在想自己的事情

D.向他解释，同他另约时间

2.你在公车上无意踩了别人一脚，那人对你骂个不停，你会？（　　）

A.充耳不闻，任其去骂

B.同他对骂，不惜大吵一架

C.推说是被别人挤了一下，才踩到他的

D.请他原谅，同时提醒他骂人是不对的

3.在电影院里，你的邻座旁若无人地讲话，你怎么办？（　　）

A.很反感，希望其他人会向这人提意见

B.大声指责他们"没修养"

C.自言自语地对他们进行指责

D.很有礼貌地请他们别讲话

4.你的同学想借你新买的手机，你自己还未好好用过，你怎么办？（　　）

A.借给他，但是满腹牢骚

B.提醒他有一次你向他借东西，他不肯借，当时你的心情如何

C.骗他说你已经借给别人了

D.告诉他，你想先用一段时间，然后再借给他

5.暑假，你忙了一整天把房间全部打扫干净，十分疲劳，但父母下班回来却指责你为什么没做晚饭，你怎么办？（　　）

A.心里很气，但仍勉强地去煮饭

B.大发雷霆，让他们自己去做饭

C.气得当晚不吃饭

D.向他们解释，并建议一起出去吃饭

6.你的家人得了急病，但医务人员毫不着急，你怎么办？（　　）

A.苦苦哀求，希望对方发善心

B.同医务人员争吵

C.强忍不满，待看好病再发作

D.提醒医务人员注意自己的职责，必要时向其上级领导反映

7.你对某人很好，他却在你背后讲你坏话，你怎么办？（　　）

A.心中有数，以后不理他就是了

B.与他大吵后绝交

C.表面上仍然保持原样，背地里也说他坏话

D.把情况了解清楚后，找他交换意见

8.辛苦学习了一天，自己相当满意，不料老师却不以为然，你会？（　　）

A.不耐心地听他批评，心中满是委屈，但不作声

B.拂袖而去，认为自己不应受委屈

C.把责任推给别人

D.注意做得不够之处，以便今后改正

9.星期天，你家有急事，老师不能理解，坚持让你补课，你怎么办？（　　）

A.人在补课，心里却在埋怨老师

B.拒绝补课，言语十分生硬

C.推说自己有病，不能补课

D.同老师商量，如确需要补课，服从老师安排

评析：上述9个问题都有A、B、C、D四个选项，看你选择哪一个选项最多。

多数选择A，说明你的处世态度过于消极，凡事与世无争，实际上并不服气。这显然不

是我们应采取的态度。

多数选择 B，说明你的自制力较差，而且不善于待人接物。

多数选择 C，说明你虽有一定的自制力和克制能力，但为人不够真诚坦率。

多数选择 D，说明你既有较强的自制力，又有积极上进的处世态度，为人真诚坦率。这种处世态度是值得提倡的。

附件 1-8　名言警句

退一步海阔天空，忍一时风平浪静。

——谚语

如果在愤怒时说话，将会作出最出色的演讲，但却会令你终身感到悔恨。

——安布罗斯·比尔斯

在你生气的时候，如果你要讲话，先从一数到十；假如你非常愤怒，那就先数到一百然后再讲话。

——杰斐逊

动辄发怒是放纵和缺乏教养的表现。

——普鲁塔克

假如生活欺骗了你，不要忧郁，也不要愤慨；不顺心的时候暂且容忍；相信吧，快乐的日子就会到来。

——普希金

爱人者，人恒爱之。敬人者，人恒敬之。

——孟子

模块二

有效沟通

模块导言

　　沟通是各种技能中最人性化的一种技能。社会就是由人与人之间互相沟通所形成的网络。沟通渗透于人们的一切活动之中，人们已经习惯于生活在沟通的汪洋大海中，很难想象，要是没有沟通，人们该怎样生活。相关机构曾经对 25 名优秀的管理人员进行调查，发现他们有 76% 的工作时间是用于沟通的。美国普林斯顿大学对 1 万份人事档案进行分析，结果发现："智慧""专业技术"和"经验"只占成功因素的 25%，其余 75% 决定于良好的人际沟通。

　　一个渴望成功的人必须掌握沟通技巧、管理技巧和团队协作技巧，而核心就是沟通技巧，因为管理和协作都必须以沟通为基础，没有沟通，管理和协作都无从谈起。经验证明，一个管理或协作技巧很高超的人沟通技巧也很好。

　　所谓沟通，就是为了设定的目标，把信息、思想和情感在个人或群体间传递，并达成协议的过程。

　　本模块贴近中职生的沟通需要，以学生为中心教学，以技能训练为主，教学活动设计包括游戏互动、案例分析、能力测试、角色扮演、情景剧表演、小组头脑风暴等。学生通过参与活动体验沟通的魅力，习得沟通的知识，培养积极沟通的意识，掌握沟通的技巧，提高有效沟通的能力。

知识导图

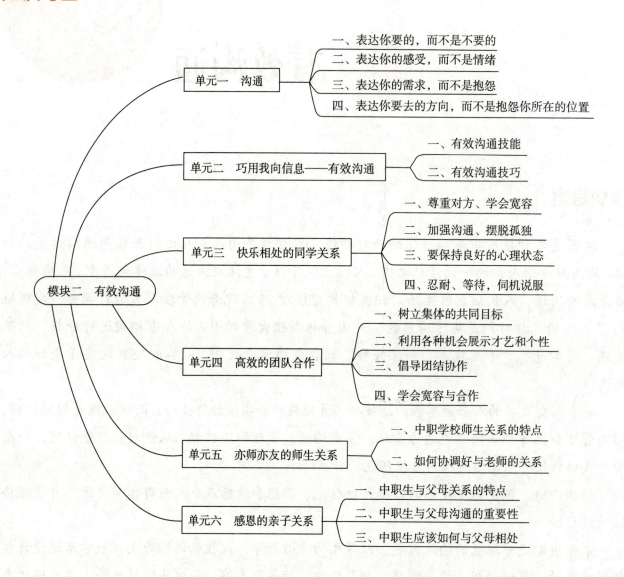

模块二 有效沟通

- 单元一 沟通
  - 一、表达你要的，而不是不要的
  - 二、表达你的感受，而不是情绪
  - 三、表达你的需求，而不是抱怨
  - 四、表达你要去的方向，而不是抱怨你所在的位置
- 单元二 巧用我向信息——有效沟通
  - 一、有效沟通技能
  - 二、有效沟通技巧
- 单元三 快乐相处的同学关系
  - 一、尊重对方、学会宽容
  - 二、加强沟通、摆脱孤独
  - 三、要保持良好的心理状态
  - 四、忍耐、等待，伺机说服
- 单元四 高效的团队合作
  - 一、树立集体的共同目标
  - 二、利用各种机会展示才艺和个性
  - 三、倡导团结协作
  - 四、学会宽容与合作
- 单元五 亦师亦友的师生关系
  - 一、中职学校师生关系的特点
  - 二、如何协调好与老师的关系
- 单元六 感恩的亲子关系
  - 一、中职生与父母关系的特点
  - 二、中职生与父母沟通的重要性
  - 三、中职生应该如何与父母相处

单元一 沟通

学习目标

1. 理解、掌握人际交流过程中正确的态度和方法技巧。

2. 激发同学间要友好相处的欲望，提高交往的主动性；能够利用所学的沟通技巧指导自己的交往行为。

3. 引导学生产生积极、健康的情感体验，培养学生具有宽容、豁达、为他人着想的美德。

知识储备

沟通人人都会，但是能够做好却很难。为什么有些人与人沟通时，对方会耐心听他们的话，而有些人与人沟通就很难？还有些人，在沟通过程中总会卡壳。

我们的生活与工作，至少有一半都需要与人沟通，所以，能够更好地与人沟通，是一件很重要的事情。想要沟通顺畅不卡壳，就要先学会这四个技能。

一、表达你要的，而不是不要的

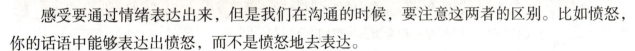

沟通在于简洁有力，不要说来说去一大堆，却没有一个中心意思。沟通不同于唠嗑，唠嗑可以不计较时间，慢慢唠，但是沟通不行。你在与人沟通时，需要在最短的时间里让对方明白你的意思。

所以，你要表达你要的，直接说出主题，不要说那些你不要的。也许由于中庸的思想，人们说话喜欢拐弯抹角，喜欢留下潜台词，但这是要看情况的。

二、表达你的感受，而不是情绪

感受要通过情绪表达出来，但是我们在沟通的时候，要注意这两者的区别。比如愤怒，你的话语中能够表达出愤怒，而不是愤怒地去表达。

这一点很重要，因为当我们的情绪变得愤怒时，思维语言、逻辑顺序等，都会变得有些紊乱，这就会造成沟通的卡壳。

三、表达你的需求，而不是抱怨

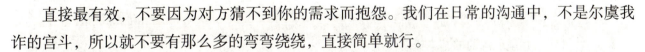

直接最有效，不要因为对方猜不到你的需求而抱怨。我们在日常的沟通中，不是尔虞我诈的宫斗，所以就不要有那么多的弯弯绕绕，直接简单就行。

有人遇到了麻烦事，一开口就抱怨，"太难了，这道题太难了，我不会做。"其实可以直接向别人请教这道题。有了需求就要好好说出来，不要抱怨，不要让别人猜，尤其是女生，更要明白这一点。

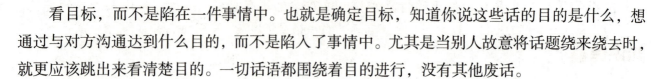

四、表达你要去的方向，而不是抱怨你所在的位置

看目标，而不是陷在一件事情中。也就是确定目标，知道你说这些话的目的是什么，想通过与对方沟通达到什么目的，而不是陷入了事情中。尤其是当别人故意将话题绕来绕去时，就更应该跳出来看清楚目的。一切话语都围绕着目的进行，没有其他废话。

单元活动

1.活动主题

沟通。

2.活动目的

（1）了解沟通的重要性。

（2）体验沟通的重要性，提高沟通能力。

3.活动方法

（1）团体游戏。

（2）小组讨论。

（3）头脑风暴。

4.活动程序

活动 （40 分钟）	步骤	活动资源
导入环节 （5 分钟）	请用三种不同的方式和身边的同学打招呼。 回答提问： 1.三种打招呼方式难不难？ 2.你通常用什么方式和身边同学打招呼沟通？ 3.这样的沟通彼此开心吗？ 4.什么是沟通？ 5.沟通的目的是什么？	多媒体课件
活动形式 （25 分钟）	一、初识"沟通" 1.呈现沟通的基本概念。 沟通是人与人之间传递信息、传播思想、传达情感的过程；是一个人获得他人思想、情感、见解、价值观的一种途径，是人与人之间交往的一座桥梁，通过这座桥梁，人们可以分享彼此的情感和知识，消除误会，增进了解，达成共同认识或共同协议。	教师指导，全体学生参与

活动 （40分钟）	步骤	活动资源
活动形式 （25分钟）	2.了解沟通的种类，见下图。 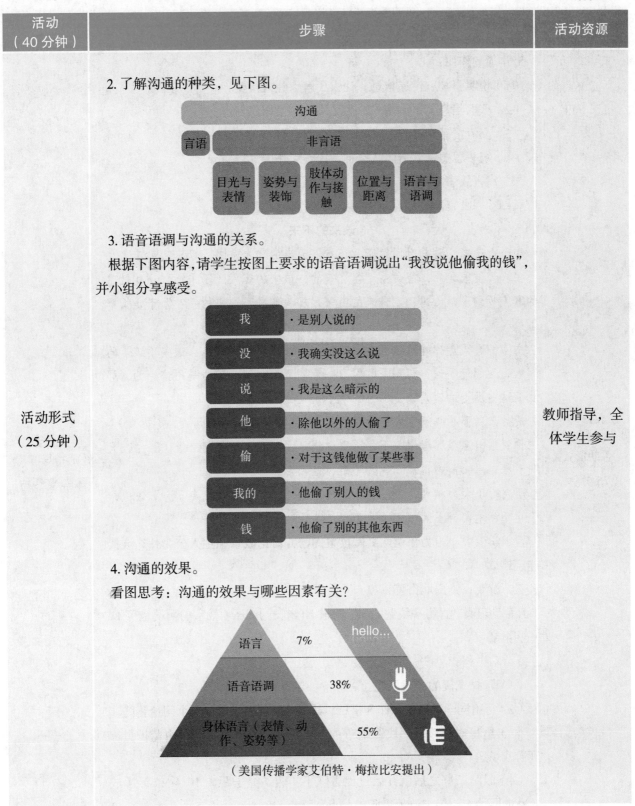 3.语音语调与沟通的关系。 根据下图内容，请学生按图上要求的语音语调说出"我没说他偷我的钱"，并小组分享感受。 4.沟通的效果。 看图思考：沟通的效果与哪些因素有关？	教师指导，全体学生参与

2.了解沟通的种类，见下图。

沟通

言语　　非言语

| 目光与表情 | 姿势与装饰 | 肢体动作与接触 | 位置与距离 | 语言与语调 |

3.语音语调与沟通的关系。

根据下图内容，请学生按图上要求的语音语调说出"我没说他偷我的钱"，并小组分享感受。

我	·是别人说的
没	·我确实没这么说
说	·我是这么暗示的
他	·除他以外的人偷了
偷	·对于这钱他做了某些事
我的	·他偷了别人的钱
钱	·他偷了别的其他东西

4.沟通的效果。

看图思考：沟通的效果与哪些因素有关？

语言	7%
语音语调	38%
身体语言（表情、动作、姿势等）	55%

hello...

（美国传播学家艾伯特·梅拉比安提出）

活动 （40分钟）	步骤	活动资源
活动形式 （25分钟）	5.沟通的作用： （1）说明事物、传递信息，让人了解，让人接受； （2）获取信息，了解别人，为正确的决策作出保障； （3）交流情感，改善关系； （4）统一思想，营造团队精神，提升工作士气。 二、寓言故事 意图：用寓言故事加深对沟通定义和作用的理解。 **该来的不来** 有个人请客，看看时间过了，还有一大半的客人没来。 　　主人心里很焦急，便说："怎么搞的，该来的客人还不来？"一些敏感的客人听到了，心想："该来的没来，那我们是不该来的啰？"于是悄悄地走了。 　　主人一看又走掉好几位客人，越发着急了，便说："怎么这些不该走的客人，反倒走了呢？"剩下的客人一听，又想："走了的是不该走的，那我们这些没走的倒是该走的了！"于是又都走了。 　　最后只剩下一个跟主人较亲近的朋友，看了这种尴尬的场面，就劝他说："你说话前应该先考虑一下，否则说错了，就不容易收回来了。"主人大叫冤枉，急忙解释说："我并不是叫他们走啊！" 　　朋友听了大为光火，说："不是叫他们走，那就是叫我走了。"说完，头也不回地离开了。 　　要求学生以小组为单位认真阅读案例，并讨论故事中主人公为什么会接连说错话？ 三、游戏：走出地雷阵 　　1.活动道具：每组一块蒙眼布、两根10米长的绳子（教室的两端也可）、一些报纸 　　2.活动过程： 　　（1）选择宽阔的游戏场地。 　　（2）每组同学2人一队作为搭档，其中一个做监护员，一个闯地雷阵。 　　（3）给每对搭档发一块蒙眼布，闯地雷阵的人蒙好眼睛，由监护员领到游戏场地。 　　（4）眼睛蒙好之后就开始过地雷阵了。两条绳子距离10～15米（或教室的两端），标志着地雷阵的起点和终点。 　　（5）在两绳子之间，尽量多放一些报纸作为地雷。	教师指导，全体学生参与

活动 （40分钟）	步骤	活动资源
活动形式 （25分钟）	（6）被蒙上眼的同学在同伴的带领下，来到起点，同伴则只能站在地雷阵的外面指挥，一旦踩到报纸，则宣告"阵亡"。 （7）几组可同时进行，到达对面，另两名同组队员接力，看看哪一组率先完成任务，且"阵亡"人数最少。	教师指导，全体学生参与
活动总结 （5分钟）	今天我们学习了沟通的概念，并通过寓言故事和游戏活动帮助同学们进一步理解沟通的内涵，在日常生活中我们要注重学习、掌握沟通的技巧，真诚与他人沟通。	多媒体教学平台
自我评价 （5分钟）	1. 今天我学到的是：_____ 2. 这次活动给我印象最深的是：_____ 3. 这次活动给我的感受是：_____ 4. 我想对老师说：_____	多媒体教学平台

5. 活动建议

活动	建议
初识"沟通"	介绍"沟通"的种类、语言与沟通的关系等知识时，教师可以借助多媒体平台，形象展示其中的关系，便于学生清晰掌握知识。
寓言故事	教师在讲解寓言故事时，可以引导学生说故事主人公话语的含义，分析客人不高兴的原因，体会语言沟通的重要性。
游戏：走出地雷阵	游戏过程需要蒙着学生的眼睛，教师要在一旁保护学生的安全。

6. 活动延伸

活动	内容	建议
沟通能力测试 （见附件2-1）	目的：检测学生的沟通能力。 请学生自行填写，教师将结果收集上来进行分析，对于其中较为集中或典型的问题进行讨论、讲解，解答学生的疑惑。	在分析检测结果时，可先让学生自己讨论，找出自己有疑惑的地方或自己曾经遇到的沟通问题，教师进行针对性分析。

7. 活动资源

附件 2-1 沟通能力测试

1. 你上司的上司邀请你共进午餐，回到办公室后，你发现你上司对此颇为好奇，此时你会（ ）。

A. 告诉他详细内容

B. 粗略描述，淡化内容的重要性

C. 不透露蛛丝马迹

2. 当你主持会议时，有一位下属一直以不相干的问题干扰会议，此时你会（　　）。

A. 告诉该下属在预定的议程结束之前先别提出其他问题

B. 要求所有的下属先别提出问题，直到你把正题讲完

C. 纵容下去

3. 当你跟上司正在讨论事情，有人打长途电话来找你，此时你会（　　）。

A. 告诉对方你正在讨论重要的事情，待会再回电话

B. 接电话，而且该说多久就说多久

C. 告诉上司的秘书说自己不在

4. 有位员工连续四次在周末向你要求他想提早下班，此时你会说（　　）。

A. 你对我们相当重要，我需要你的帮助，特别是在周末

B. 今天不行，下午四点钟我要开个会

C. 我不能再容许你早退了，你要顾及他人的想法

5. 你刚好被聘为部门主管，你知道还有几个人关注这个职位，上班的第一天，你会（　　）。

A. 把问题记在心上，但立即投入工作，并开始认识每一个人

B. 忽略这个问题，并认为情绪的波动很快会过去

C. 找个别人谈话，以确认哪几个人有意竞争此职位

6. 有位下属对你说，"有件事我本不应该告诉你的，但你有没有听到……"你会说（　　）。

A. 谢谢你告诉我怎么回事，让我知道详情

B. 跟公司有关的事我才有兴趣听

C. 我不想听办公室的流言

7. 你认为你的文字和口头表达能力强吗？

A. 是　　　　　B. 一般　　　　　C. 很差

8. 你能很好地运用肢体语言表达你的意思吗？

A. 是　　　　　B. 一般　　　　　C. 很差

9. 一个陌生的人你能很容易地认识他吗？

A. 是　　　　　B. 有时　　　　　C. 否

10. 你能影响别人接受你的观点吗？

A. 是　　　　　B. 有时　　　　　C. 不能

11.与人交谈时你能注意到对方所表达的情感吗?

A.是　　　　　B.有时　　　　　C.不能

12.你是否能用简单的语言来表述复杂的意思?

A.是　　　　　B.一般　　　　　C.否

13.朋友评价你是个值得信赖的人吗?

A.是　　　　　B.一般　　　　　C.不是

14.你能积极引导别人把思想准确地表达出来吗?

A.是　　　　　B.有时　　　　　C.不能

15.你是否善于听取别人的意见,而不将自己的意见强加于人?

A.是　　　　　B.有时　　　　　C.不能

测试标准:

选择A得2分,选择B得1分,选择C得0分,然后将各题所得的分数相加。

测试结果:

1.总得分为22～30分,说明你的沟通能力很强,是沟通高手,口头表达能力强,说话简明扼要,很容易让对方接受你的观点。

2.总得分为15～21分,说明你的沟通能力中等,你的沟通能力发挥得不稳定,有时会引起沟通障碍,要想提升自己的沟通能力就要努力锻炼。

3.总得分为14分及以下,说明你的沟通能力差,想要表达的意思常常被别人误解,给别人留下不好的印象,甚至无意中对别人造成伤害。

单元二　巧用我向信息——有效沟通

学习目标

1.了解有效沟通的重要性,引导学生有意识地内省自己在人际交往中遇到的问题,理解、掌握人际沟通中正确的态度和方法技巧,提高沟通能力。

2.体验沟通的重要性,引导学生有意识地内省自己在人际交往中遇到的问题,激发学生间友好相处的欲望,提高有效沟通的能力。

知识储备

一、有效沟通技能

养成更好的沟通习惯需要多项相互配合的重要技能，其中一些技能涉及说话的方式和身体语言，而另一些技能则是基于情感的人际交往能力。以下是优秀的沟通者应具备的一些技能。

（一）倾听技巧

清晰的沟通始于积极的倾听。如果你只专注于如何表达自己，很可能你没有倾听或回应其他人提出的意见。一个有效的沟通者会使用各种聆听风格，他们密切关注人们所说的内容，并让其他人感到被倾听和被尊重。

（二）同理心

能够理解周围人的感受是成为有效沟通者不可或缺的一部分。移情意味着理解他人的感受并与之建立联系。拥有高情商并表现出同情的能力可以在你与他人之间建立融洽的关系并提高自己的沟通能力。

（三）非语言沟通技巧

除了口头信息，有效的沟通还依赖于非语言线索。培养对肢体语言和语气的认识将提高你的信息传递和演讲技巧。

（四）团队合作

积极参与团队建设并始终与同学合作的能力是培养沟通技巧的重要组成部分。与其他同学建立牢固和融洽的关系越多，你与他们的沟通就越有效。

二、有效沟通技巧

（一）练习积极倾听

有效的沟通者总是好的倾听者。积极倾听意味着通过给出肯定的答复和提出后续问题来表明你正在关注人们所说的话。

（二）专注于非语言交流

掌握非语言线索和非语言信号有助于防止沟通不畅，并向周围的人表达兴趣。你的语言暗示会影响你给他人的第一印象。初次相识时，保持目光接触、限制手势、保持良好的姿势将对沟通大有帮助。

（三）管理好自己的情绪

为了清晰地沟通，重要的是管理自己的情绪并适当地表达它们。

（四）征求意见

向同学寻求对自己的沟通技巧的诚实反馈并不可耻。向老师、同学和朋友询问他们关于提高沟通技巧的建议可以帮助你更好地了解自己的表现。

（五）练习公开演讲

公开演讲听起来可能令人生畏，但没有比这更好的方法来培养良好的沟通技巧了。出色的沟通者能够清楚地表达自己的感受，无论是与一大群人交谈还是与一个人面对面交谈。经常在一群人面前讲话会放大你的优点和缺点，迫使你养成良好的沟通习惯。

（六）开发过滤器

有效的沟通者通常具有高度发达的社交技能，并且能够调整他们向周围的人表达自己的想法和感受的方式，知道在不同的人际环境中表达什么才是合适的。开发过滤器将有助于补充其他沟通技巧，并确保自己保持一定程度的礼仪并避免在工作场所发生冲突。

单元活动

1. 活动主题

有效沟通。

2. 活动目的

（1）帮助学生认识沟通的重要性。

（2）帮助学生掌握沟通的技巧。

3. 活动方法

（1）情景剧表演。

（2）小组讨论。

（3）游戏体验。

4. 活动程序

活动 （40分钟）	步骤	活动资源
导入环节 （5分钟）	目的：创造轻松友好氛围，初步体验沟通，为下一环节铺垫。 教师：请同学们站起来，我们一起先来做个小运动，请向身边的5个同学问好，要相互鞠躬，弯腰成90度。 活动后请同学们谈谈感受。（别人给你问好鞠躬，你的感受是什么？你给别人问好鞠躬，你的感受是什么？） 教师：美好的一天从愉快的心情开始。 过渡：下面的动物遇到了麻烦，我们能帮帮它们吗？ 1. 狗和羊是仇家，见面必掐。起因就是，阿羊阿狗们在沟通上出了点问题。 摇头摆尾是狗示好的表示，而这种"身体语言"在羊那里却是挑衅的意思；反之，羊在表示友好时就会发出"咩咩"的声音，而这种声音在狗听来就是想打架的意思。于是它们见面必打。羊和狗本来都是好意，结果却是好心得不到好报，世世代代都成了冤家。这就是人们常说的狗见羊。 教师：狗和羊怎样才能成为朋友？你能帮帮它们吗？ 教师：所以明白对方语言，学会有效的沟通十分重要。 2. 揭示主题。 教师：同学们，复习一下沟通是什么呢？光说话就能好好沟通了吗？ 学生根据自己的理解回答后，教师小结：沟通就是接触，就是表达。	教师指导，全体学生参与
活动形式 （25分钟）	一、游戏"说悄悄话" 过渡：下面我们来玩一个说悄悄话的游戏，看同学们会不会沟通。 1. 每一组的一号上讲台来看一句悄悄话，看完后牢牢地记在心上，站成一排忍着不说。然后教师一声令下，由一号很小声地传给二号，二号很小声地传给三号，三号很小声地传给四号。四号就把他听到的写出来，马上就交给教师。写对的那一组获胜。 游戏结束说感想：为什么会输呢？为什么会赢呢？ 教师小结：听清楚，记明白，说清楚，才能有效地沟通。（课件出示这句话） 2. 教师给同学们播放一段录音《好朋友》。（4分钟） 过渡：接下来让我们听听《文文和琳琳》的故事，看看她们会沟通吗，你给他们出出好主意吗？	多媒体教学平台

活动 （40分钟）	步骤	活动资源
活动形式 （25分钟）	录音内容：琳琳和文文是一对无话不说的好朋友，两个人经常分享各自的秘密。一天琳琳伤心地告诉文文她的爸爸妈妈离婚了，文文一会就告诉了别的同学，这让琳琳对文文的做法很不满。琳琳是班上的学习委员，学习成绩很好，经常帮助文文学习。但是文文比较粗心大意，经常在学习上碰到问题，自己不思考就去问琳琳，有的时候甚至会让琳琳替她做题，琳琳希望文文有一天能意识到这样做是不对的，但是这个粗心的朋友却一点改变的迹象都没有。 　　琳琳很珍惜自己的好朋友文文，她希望和文文一辈子好下去，但是文文的做法又让她生气、愤怒。琳琳就这样忍受着、难受着…… 　　学生听完录音后与同桌交流自己对录音中琳琳和文文的做法的看法，再请学生集体交流。 　　教师引导小结：琳琳不知道怎样跟好朋友文文表达自己的看法和情绪，弄得自己心里很难受。其实，沟通时要主动和对方说清楚自己的想法，对方明白了，就不会产生不满和误解。 　　二、情景剧表演 　　这一活动环节的目的是通过表演体验有效沟通的技巧——巧用我向信息。 　　情景剧A： 　　张雪，你真过分，你怎么可以这样对我？有种你在我面前说啊，你说啊！　　沟通失败！ 　　议一议： 　　1.情景剧A中李明的表达方式给你什么感受？ 　　2.假如你是李明，既要达到沟通的目的，又想避免关系恶化，你会怎么对张雪说呢？ 　　看一看：假如用"我向信息"表达，沟通效果会怎样呢？	多媒体 教学平台

续表

活动 （40 分钟）	步骤	活动资源
活动形式 （25 分钟）	情景剧 B： **"你向信息" —— "我向信息"** 张雪，你真过分，你怎么可以这样对我？有种你在我面前说啊，你说啊！ 听说你到处说我坏话，我很生气。希望你以后有什么意见可以当着我的面说，如果是我不对，我会注意的。 总结归纳见下表。 三、"我向信息"表达练一练 1.如果你是以下事件的当事人，你想和对方说什么？用"我向信息"来表达的话，你会怎么说跟对方说？把你要说的话写下来，注意包括陈述事实/行为，表达感受以及对我的影响/希望等三个方面的内容。小组分配如下： 事件一：一、二组； 事件二：三、四组； 事件三：五、六组。 事件一：关灯不久，你很想睡觉，但你的几个舍友正热烈地开着卧谈会，越说越兴奋，把你吵得睡意全消。	多媒体 教学平台

总结表格：

项目	"你向信息"	"我向信息"
语言模式	多用"你"	多用"我"
表达内容	对他人加以批判、猜想、评价、判断等	我的感受、现状及需要
沟通结果	双方无法沟通，甚至激化矛盾，关系恶化	有利于对方了解我的感受和需要，并作出回应或改变行为

活动 （40分钟）	步骤	活动资源
活动形式 （25分钟）	分组汇报：一、二组。 事件二：你向爸爸拿钱去看动漫展，但爸爸认为学习更重要，拒绝了你的要求。 分组汇报：三、四组。 事件三：老师知道你有时候会抄作业，但这次大家都觉得比较难的题目你是独立完成的，老师却认为你抄了某某同学的作业，还批评了你。 分组汇报：五、六组。 学生分享，教师总结。 "我向信息"表达，要注意： （1）参照"我向信息"表达三部曲。 　　　　"我向信息"表达三步曲 第一步，事实/行为，即说出引发"我"的情绪的行为与事实（不评价，不责备，不批评） ↓ 第二步，感觉，即真实地表达"我"当时的感觉 ↓ 第三步，说出事实或行为的影响，或者你希望对方怎么做 ①我最近发生了（事件）＿＿＿＿＿＿＿＿＿＿＿ ②这让我（心结）＿＿＿＿＿＿＿＿＿＿＿＿＿＿＿ ③现在我可以用"我向信息"的表达方式对他（她）说：＿＿＿＿＿ ＿＿＿＿＿＿＿＿＿＿＿＿＿＿＿＿＿＿＿＿＿＿＿ （2）考虑说话对象。 （3）考虑实际对话情景。 英特尔公司前CEO安德鲁·葛洛夫曾说过，"我们沟通得很好，并非决定于我们对事情述说得很好，而是决定于我们被了解得有多好。"所以我们要学会巧用"我向信息"，有效沟通。	多媒体 教学平台
活动总结 （5分钟）	沟通时将心比心，换位思考，设身处地地为对方着想显得非常必要。只有转换你的角色，真诚地为别人着想，你才能从他/她的角度分析出问题的所在，你的话语才能让他/她感同身受，才能打动他/她的心，你才能最终实现沟通的目的！ 有句英国谚语说："要想知道别人的鞋子合不合脚，穿上别人的鞋子走一英里。"同理心沟通，没有更多的技巧，就是以心换心、换位思考，在同样时间、地点、事件里，把当事人换成自己，设身处地去感受、去体谅他人。	多媒体 教学平台

续表

活动 （40分钟）	步骤	活动资源
自我评价 （5分钟）	1. 今天我学到的是：＿＿＿＿＿＿＿＿＿＿＿＿＿＿＿＿＿ 2. 今天活动给我印象最深的是：＿＿＿＿＿＿＿＿＿＿＿＿ 3. 这次活动给我的感受是：＿＿＿＿＿＿＿＿＿＿＿＿＿ 4. 我想对老师说：＿＿＿＿＿＿＿＿＿＿＿＿＿＿＿＿	多媒体 教学平台

5. 活动建议

活动	建议
游戏"说悄悄话"	教师在游戏过程中注意引导学生的情绪，让其他学生体会沟通不顺畅时的困惑心情，帮助他们了解正确的沟通方式。
情景剧表演	教师可以安排同一组学生分别体验"你向信息"和"我向信息"，并说说不同信息传递方式的区别。
"我向信息"表达 练一练	教师可以让学生选择一件发生在他们自己身上的事件来填写。 让学生发挥想象：如果你用这样的方式和对方说话，你觉得对方会有什么反应？ 教师可以安排学生尝试把练习的内容付诸行动，不管成功与否，把过程（所说的话、对方的反应等）记录下来。

6. 活动延伸

活动	内容	建议
沟通技巧游戏 （附件2-2）	游戏类型：沟通技巧。 参加人数：不限。 游戏时间：5分钟。 所需材料：无。 场地要求：教室或室外。 活动目的：这个游戏说明了视觉信号与语言信号一样重要，动作可以胜于千言万语。让学生观察人们在进行非语言沟通时的反应。	鼓励学生积极参与，尤其照顾班里性格内向的学生，引导他们参与到集体活动中来，体会沟通的技巧。
拓展阅读 （附件2-3）	不良对话无法促进人际关系，通常只会使其恶化，它会影响情绪，减少信任度，破坏和睦的人际关系。当谈话恶化到一定程度，或者这种行为方式已经定型时，人际关系就无法弥补了。在不良对话中，怒气冲冲的人们可能永远不会原谅，甚至不会忘记对方所说的恶言恶语，对方要花很多时间、很多精力去弥补受损的关系，回头路走得漫长而艰辛。	学生自行阅读故事，体会其中的内涵，可以同学间相互交流。

7.活动资源

附件 2-2　沟通技巧游戏

游戏 1：是下巴还是面颊

教师一边示范，一边请学生站起来，伸出右臂，与地面保持水平。教师说："现在，请用你们的大拇指和食指围成一个圈。"（在教师说的时候，示范该动作）然后继续说："请举起前臂，肘部形成直角。"（继续示范该动作）

看看学生是否都做得正确，然后继续说："好，请用掌心托住你的下巴。"（注意：当教师说"托住下巴"时，教师自己用掌心贴住面颊。）

教师四处看看，但什么也不要说。5～10秒后，学生中有些人会意识到错误并转而用掌心托住下巴。再过几秒，学生会大笑起来。这时教师可以强调指出："一位教师的行为往往比他的言语更为有效。"

其他可选择的操作程序：任何可见的动作可以代替摸面颊这一动作。

相关讨论：如果每个人在闭上眼睛的情况下做这个游戏，结果会怎样？

可能答案：结果会好一些，因为不会受到视觉信号的干扰。

相关讨论：你们刚才有没有听到我说"请不要跟着我做，请根据我说的做"之类的话？为什么会跟着我做呢？

可能答案/总结归纳：肢体语言不但有一定的含义，而且有强烈的感染力，当口头语言和肢体语言所表达的意思相冲突时，人们一般会受到肢体语言所表达出的含义的影响。

相关讨论：都知道行动胜于雄辩，我们在工作中如何应用这一原则，来取得更好的相互理解？

可能答案/引导方向：用行动而非仅仅是语言表达你的立场和观点。

相关讨论：很多时候，行为上发生的问题会导致沟通的失误。这个游戏启发我们认识到阻碍有效沟通的因素有哪些。

可能答案：不适当的肢体语言，不适当的行为，更易引起竞争或合作……

相关讨论：我们应当如何克服这些因素？

可能答案：言行一致，肢体语言与言语一致等。

相关讨论：这个游戏对教师或演讲者有什么启发？

可能答案：教师的行为往往比他的言语更为有效，更容易对学生造成影响。

游戏总结：教师的行为往往比他的语言更为有效，更容易对学生造成影响。因为当肢体语言所表达的含义与口头言语所表达的含义相冲突时，人们总会相信肢体语言所表达出的含义。

游戏2：123拍手

教师告诉学生，教师将会1，2，3地数数，每数到3的时候，学生要拍一下手。

教师大声地数出1（暂停一下），2（暂停一下），然后拍自己的手，再数3。可以看到小组中的某些学生会随教师先拍手，然后等教师喊出3，其余学生才拍手。

针对视觉信号的重要性展开讨论。如果你的听众是教师，可讨论如何在课堂中给予正确的视觉信号。

其他可选择的操作程序：任何可见的动作可以代替拍手这一动作。

相关讨论：如果每个人在闭上眼睛的情况下做这个游戏，结果会怎样？

可能答案：结果会好一些，因为不会受到视觉信号的干扰。

相关讨论：你们刚才有没有听到我说"请不要跟着我做，请根据我说的做"之类的话？为什么会跟着我做呢？

可能答案/总结归纳：肢体语言不但有一定的含义，而且有强烈的感染力，当言语和肢体语言所表达的意思相冲突时，人们一般会受到肢体语言所表达出的含义的影响。

相关讨论：都知道行动胜于雄辩，我们在工作中如何应用这一原则，来取得更好的相互理解？

可能答案/引导方向：用行动而非仅仅是语言表达你的立场和观点。

相关讨论：很多时候，行为上发生的问题会导致沟通的失误。这个游戏启发我们认识到阻碍有效沟通的因素有哪些。

可能答案：不适当的肢体语言，不适当的行为，更易引起竞争或合作……

相关讨论：我们应当如何克服这些因素？

可能答案：言行一致，肢体语言与言语一致等。

相关讨论：这个游戏对你有什么启发？

可能答案：教师的行为往往比他的言语更为有效，更容易对学生造成影响。

游戏总结：教师的行为往往比他的言语更为有效，更容易对学生造成影响。因为当肢体语言所表达的含义与口头言语所表达的含义相冲突时，人们总会相信肢体语言所表达出的含义。

提示：此游戏与上则游戏"下巴还是面颊"属同类游戏，相同情境下可替换使用。

附件2-3　拓展阅读——你的嘴甜不甜

今天早上，我起床，发现家里一个人也没有，只好打妈妈的手机。手机是你接的。"你们到哪儿去了啊？"我问。"你难道不知道我今天要上中文课吗？"你在那头喊，"我们正在去徐老师家的路上。"

晚餐前，我到厨房的柜子拿杯子，你也过来，伸手往同一个柜子里摸。"你要什么？"我问你。你没答，从柜子里拿出一个碗，把碗在我眼前晃了晃，就转身走了。越是当你大了，有了主见，或进入青春期，越得教你说话的礼貌。

譬如你今天早上对我说话，不是就不够礼貌吗？当我问你在哪里的时候，你为什么不直接说"我们在去上中文课的路上"？相反的，你用了一句责难的话——"你难道不知道我今天要上中文课吗？"

孩子！你大了，应该知道说话的技巧。会说话的人，绝不是总以责难语气咄咄逼人的。

想想，如果天气冷，你穿少了，妈妈对你吼："你想冻死啊？"是不是在感觉上远不如她对你温柔地讲："今天天冷，多穿一点！"

想想，如果你在教室里开窗子，有同学对你喊："你不冷吗？你不冷，我们冷。"是不是远不如她对你关心地说："别开窗子吧！回头着凉了。"

"多穿一点"和"别开窗子"都是正面的句子，好比你上幼儿园时老师教我们对你说话的方法，就是很简单、很明确，感觉上比你用责难的"问句"不是好多了吗？

相对的，有许多直接而简单的句子，你又应该改为问句，才显得婉转。譬如你问："对不起，我是不是能离开一下？"是不是比你直接讲"我有事，要离开"感觉有礼貌得多？

再谈谈你晚餐前拿碗那件事。你知道常用"颐指气使"形容人没礼貌吗？"颐指"的意思是用半边脸指挥；"气使"表示用"哼、嗯、喂"的语气使唤人。西方世界也一样，当你指挥别人，只有动作，没有声音的时候，是最没礼貌的。

举例来说，你去餐馆，茶杯空了，你最好对服务员说："麻烦您，帮我续一下杯？"或者一边指杯子，一边简单地问他："我是不是可以？"除非那服务员距你很远，你叫他，会吵到别人，否则你绝不能只指一下杯子。即使指杯子，不说话，你也一定要看着他，露出笑容。

至于你去银行或邮局那些柜台外面有玻璃的地方办事，更要注意。不能用敲玻璃引起对方注意，而必须开口说话。即使不得不敲玻璃，也必须伴随着说一声："对不起！打扰您。"

好！现在回头想想，我要纠正你什么？晚餐前，你把手横过我面前去拿碗，是不是不如开口问："能不能请您把碗递给我？"就算你自己拿了，当我问你要什么的时候，你是不是也应该开口说"我拿碗"，而不是在我面前晃一晃？

最后，让我告诉你两件有意思的事——

我念研究生的时候，有个在餐厅打工的同学曾经偷偷说："如果有客人耍大牌，颐指气使，我就在他的菜里吐口水。"

还有一个在领事馆做事的朋友说："我最恨人家敲窗子了，我又不是动物园里的动物。他只要敲，我就装作忙，要他等；如果他再敲，我就找他麻烦，给他刁难。"

无可否认，这两个人做事的态度都很不对。但是知道他们行为背后的原因，你能不警惕吗？

没礼貌，除了显示自己没教养，还可能吃暗亏！

要知道，你所给予外界的每一点，都会在自己身上得到回馈。所以说，尊重他人，就是尊重自己，若是想问自己的生活今后会是如何，若是想要一个更加温暖、丰富的世界，那么，请先问一句——

你的嘴甜不甜？

单元三　快乐相处的同学关系

学习目标

1. 帮助学生感悟同学关系的重要性，体验集体活动中人与人之间的协调、配合关系，掌握人际交往的沟通技巧。

2. 帮助学生正确与同学相处，为将来走上社会处理各种复杂的人际关系打好基础，以便更好地适应社会、影响社会。

知识储备

同学之间产生矛盾、冲突，比较常见的是由彼此之间在兴趣、爱好、信念等方面的偏爱和偏见所致，另外个别同学与班级中的"小群体"之间的分歧也会导致冲突的产生。

其实同学之间的许多矛盾、冲突都是因一些小事引发的，只要大家心平气和地冷静处理是可以避免冲突、恢复同学之间的正常关系的，但是如果这些矛盾不及时解决就容易导致矛盾的进一步恶化，甚至产生严重不良后果。如果因为同学之间的矛盾、冲突而导致自己心情不佳、学习受阻，甚至影响自己的顺利发展是很不值得的。因此当矛盾、冲突不可避免地来临时，我们一定要用积极、理智的态度设法去化解矛盾，融洽同学之间的关系，让自己能在和睦、温馨的生活环境中安心学习，同时也提高了自己处理人际关系的能力。

当同学之间发生矛盾时，我们应该怎样处理呢？

一、尊重对方、学会宽容

每个人都有自己的个性、爱好、特点，因此要尽可能理解同学的需要，要尊重同学的兴趣爱好，承认同学与自己之间的差异，不要轻易贬低同学的某些特性，更不能对同学的穿着打扮指指点点、品头论足。

二、加强沟通、摆脱孤独

正值青春期的少男少女们，文化知识和生活阅历很有限，人际交往的能力还不成熟，不能把握好与同学间的关系。所以，同学之间平时要加强沟通，经常在一起谈谈心，充分地表达自己的思想，互相了解个性和特点，在彼此的心目中树立良好的形象。

请永远记住一句话：要求别人宽恕自己过失的人，自己也应当这样对待别人，这样才是合乎情理的。

三、要保持良好的心理状态

要做到沉着冷静，变"热处理"为"冷处理"，时刻记住"遏止冲突"。要知道一味责怪对方、以牙还牙是有害无益的愚蠢行为。心理学的研究表明，人的情感达到一定的程度就要"发泄"，发泄完了，就会处于相对平衡的状态。因此如果有人因事向你挑衅或攻击，你一定要沉着冷静，让对方将冲动的感情发泄出来，等他冲动过了，你再寻找处理的方法也不迟，"后发制人"往往更为有利。

四、忍耐、等待，伺机说服

忍耐并不是要我们放弃原则、放弃解决问题的权利和责任，也不是要我们害怕和回避冲突，而是要我们以良好的心态控制自己的情感，选择处理问题的最佳方法。对于一时难以澄清事实的误解，你可以直言表白，解释原委；如果对方不肯接受，就需要忍耐、等待，让事实的发展来说话。时机到了，往往许多误解不辩自明。

还有一点非常重要，那就是当自己伤害了别人的时候，要勇敢、主动地认错，及时地道歉，并纠正自己的过错。

已经无法纠正的错误主动承担，诚心接受别人的责难，这样对方就不好意思对你大动干戈。如果对方不明真相，或者纯属巧合而产生误解，当你不便直接解释时，除了耐心等待，还可以求助于老师和同学，让他们出面解决。

单元活动

1.活动主题

快乐相处的同学关系。

2.活动目的

（1）感悟同学关系的重要性。

（2）体验集体活动中人与人之间的协调、配合关系。

（3）学习人际交往的沟通技巧。

3.活动方法

（1）情景剧表演。

（2）小组讨论。

（3）游戏体验。

4.活动程序

活动 （40分钟）	步骤	活动资源
导入环节 （5分钟）	一、教师导入游戏：猜猜我是谁。 　　你与班上的某些同学是不是还不熟悉？有些同学的特点、喜好你是不是还不知道？下面的活动能加深你对同学的了解。 二、活动目的 1.加深同学间的互相了解。 2.在活动中，展示自己，认识同伴。 3.创造愉快和谐的人际关系。 三、活动过程 　　1.参加的学生按7～9人为一组分组，并围坐一圈。 　　2.每人从教师那里领取一张"印象卡"。首先，自己先在卡片的正面写上名字或者希望被别人称呼的方式、自我评价，并画出自己印象中的肖像。 　　3.填完后，把卡片交给坐在自己右边的同学，依次类推，这样你手上也拿到了同组同学的卡片。 　　4.在你手中的卡片背面写上一个你认为是印象卡主人优点的词语，写完后交给下一位同学，以此类推。最后，整组写完后由组长交给教师。 　　5.教师从每组印象卡中抽取若干同学的印象卡，读出对该同学的描述，其他组的同学根据描述来猜猜这是哪位同学。每组只有一次机会，猜中的小组得分。	教师指导，全体学生参与

活动 （40分钟）	步骤	活动资源
导入环节 （5分钟）	四、学生分享，教师小结 　　刚才游戏中营造了和谐的同学关系，在轻松的氛围中让我们继续快乐参与下面的活动。	教师指导，全体学生参与
活动形式 （25分钟）	游戏：齐心协作 　　游戏过程中，你是否信任他人？是否善于与他人沟通交流、相互合作共同完成任务？下面的两个小活动将帮助你对自身有更多的了解。 　　一、驿站传书 　　1. 游戏类型：团队协作型。 　　2. 游戏介绍：根据班级的人数以7～9人一组排成一列纵队，每个人这时候就相当于一个驿站。排好之后，教师会把一个由11位数字（含小数点）组成的3～5位数以内的数字信息卡片交到排在每组纵队最后的一位队员手中，每一列队员要利用自己的聪明才智把这个数字信息传到最前面这位伙伴的手中。当纵队的第一位伙伴收到信息后要迅速地将信息写在黑板上。 　　3. 比赛总共会进行四轮。在信息传递的过程当中教师会根据信息传递的方式设定一些规则来约束。 　　4. 游戏规则： 　　（1）所谓项目开始，是指教师喊开始，信息从后面一位伙伴开始传递那刻起。 　　（2）每一个参与者要做到三个"不"，否则全队将被倒扣分：不能讲话、不能回头、后面的伙伴的身体部位与前面伙伴保持一臂距离。 　　（3）当信息传到最前面伙伴手中时，这位伙伴要迅速地将信息写在黑板上，且不能作第二次更改。 　　（4）得分累积以小组信息的准确传递和时间的长短（3分钟之内，依轮次递减）来计算，项目的最终解释权和裁判权归教师。 　　二、齐眉棍 　　1. 游戏简介：根据班级的人数以7～9人一组排成一列横队，侧身站立，每队可有一人为机动，共同用一只手指将一根竹棍放到地上，手离开竹棍即失败，以时间短竹棍不掉地为胜者。 　　2. 活动目的： 　　（1）在团队中，如果遇到困难或出现了问题，很多人马上会找到别人的不足，却很少发现自己的问题。队员间的抱怨、指责、不理解对于团队的危害……这个项目将告诉大家：照顾好自己就是对团队最大的贡献。提高队员在工作中相互配合、相互协作的能力。统一的指挥＋所有队员共同努力对于团队成功起着至关重要的作用。	教师指导，全体学生参与

续表

活动 （40分钟）	步骤	活动资源
活动形式 （25分钟）	（2）这是一个考察团队是否同心协力的体验。在所有参与者手指上的竹棍将按照教师的要求，完成一个看似简单但却最容易出现失误的项目。此活动深刻揭示了集体内部协调配合的问题。 3.场地要求：一块开阔的场地。 4.需要器材：2米长的竹棍。 5.游戏时间：20分钟左右；其中，15分钟练习，5分钟比赛。 6.每组完成后，填写小组体悟表。 表格见下	教师指导，全体学生参与
活动总结 （5分钟）	通过这次活动，我们感悟了同学关系的重要性，体验了集体活动中人与人之间的协调、配合，学习人际交往的沟通技巧。同学关系也是一种人际关系，宿舍、班级、学校是一个小型社会，在这个小社会中学会处理好同学关系，将来走上大社会才能善于处理各种复杂的人际关系，适应社会、影响社会。	多媒体教学平台
自我评价 （5分钟）	1.今天我学到的是：_____ 2.这次活动给我印象最深的是：_____ 3.这次活动给我的感受是：_____ 4.我想对老师说：_____	多媒体教学平台

小组体悟表：

项目	你所在小组的得分	你认为你们组在这项活动中的表现如何？	你在这次活动中觉得自己的沟通和协作能力怎样？	你会给自己打多少分（1~10分）？
驿站传书				
齐眉棍				

5. 活动建议

活动	建议
游戏：齐心协作	1.教师引导学生意识到充分沟通对团队目标实现的重要意义。 2.教师负责规则的建立与修正。 3.在活动结束之后，安排学生负责场地的清理与物品归纳，将活动表格收集上来进行分析。

6.活动延伸

活动	内容	建议
朋友相处能力测试（附件2-4）	本课活动结束了，你们是否觉得自己对很多同学的了解还不是很充分呢？如果是这样，说明你还需要在人际交往方面再加把劲哦！下面的小测试则是考察你跟你很熟悉的好朋友相处时的表现，来试试吧！	学生自主填写测试题，与同学讨论分析。
知识储备	学生学习"知识储备"的内容，了解与同学产生矛盾、冲突时应该如何应对。	学生课下自主学习，延伸课堂知识，指导学生用积极、理智的态度设法去化解矛盾，融洽同学之间的关系，让学生能在和睦、温馨的生活环境中安心学习，同时也提高学生处理人际关系的能力。

7.活动资源

附件2-4　朋友相处能力测试

1.你碰巧知道一个同学的一件隐私之后，你的做法是（　　）。

A.努力不告诉别人

B.根本没有想过将它告诉别人

C.马上和别人讨论这件事

2.你遇到困难的时候（　　）。

A.通常尽量自己解决

B.马上求助朋友

C.只求助于最要好的朋友

3.当你的朋友有困难的时候，你发现（　　）。

A.他们都乐于求助于你

B.他们很少求助于你

C.他们几乎不向你求助

4.你认为作为朋友，应当（　　）。

A.为人可靠，值得信赖

B. 能与自己愉快相处

C. 有钱有势

5. 以下情况最符合你的是（　　）。

A. 与朋友常在一起闲聊

B. 常能发现朋友的错误

C. 使朋友们感觉很愉快

6. 在与朋友的交往中，你觉得（　　）。

A. 对许多朋友都感到不耐烦

B. 大多数朋友跟你相处融洽

C. 必要时迁就一下朋友也是应该的

7. 你的做法更符合以下情况中的（　　）。

A. 喜欢发现朋友的优点

B. 坚持自己的看法

C. 从不评论朋友

8. 对朋友间的交往，你的观点是（　　）。

A. 应当保持适当的距离

B. 应当充分信赖

C. 应当避免承担责任

计分标准：

满分为 24 分，得分越高，意味着与别人友好相处的能力越强，与朋友的人际关系就越好。得分越低，表明不大善于与朋友相处，与朋友的人际关系状况越差，不大受朋友欢迎。可以改变自己的一些想法和行为，相信你会收获更多的友谊。

题号	A	B	C	题号	A	B	C
1	2	3	1	5	2	1	3
2	3	1	2	6	1	3	2
3	3	2	1	7	3	1	2
4	2	3	1	8	2	3	1

单元四　高效的团队合作

学习目标

1. 通过学习，学生对团队有初步的认识，了解自己在整个集体中的地位与作用。
2. 学生可以充分发挥自己的领导能力，起到领导者的作用。
3. 一些以自我为中心的学生可以意识到团队的利益，明白团队的重要性。
4. 培养学生各种优良品质，发展学生的想象力、创造力、团队协作能力。

知识储备

一、树立集体的共同目标

中职生要培养团队精神，班级必须有一个共同目标。只有这样，才能将班级成员的目光集中在一点上，即所谓的心往一处想、劲往一处使，让每个学生都融入班级这个团队中。一些中职生缺乏对知识价值的强烈渴求，对班级活动漠不关心，在这种情况下，如何找到一个大多数学生感兴趣的目标并不是一件容易的事情。

中职生大多希望毕业后能找到一份理想的工作，可将"学好一技之长，找一份理想工作"作为口号，在班级中树立一个现实的共同目标。利用班会、课堂等场所强化这一观念，搜集历届毕业班级的就业情况作为参考与对照，强化班级团队意识。在班级共同目标的激励下，提升中职生的热忱与活力，增强班级的凝聚力。

二、利用各种机会展示才艺和个性

培养团队精神，团队中每一个个体都要有表现自己个性的机会，使他们感觉在这个团队中充分得到了尊重与认可，使每一个个体的个性、特长都能够不断地得到发挥发展，激发他们的学习热情，以此创造不平凡的业绩。

中职生有一定的自我意识，他们希望得到班级的认可并愿意为班级做点事情，他们需要的不是简单的语言上的认可，而是对自我价值肯定基础上的认可。学校应积极鼓励学生参加各种活动，如校园歌曲比赛、学生职业技能竞赛等，使学生的个性和各方面的才能都有一个充分展示的机会，并给予充分的支持和必要的激励。中职生也要珍惜展示个性和才艺的机会，主动参与，积极准备，努力获得优异成绩。这种班级和成员的相互接受，为团队意识的形成奠定了良好的基础。

三、倡导团结协作

（一）把团结协作精神的培养落实在学习活动中

中职生在学习科学文化知识的过程中，要自觉学会如何团结协作。中职生可以以小团队形式开展知识学习和技能训练，在团队学习中潜移默化地培养团结协作意识。这种小规模的新型学习组织形式在课内可以作为讨论小组，在课外可以作为互帮小组，在实习和操作时可作为项目实施小组。一旦中职生培养起了良好的团队协作精神，就可以有效地促进教学活动的有效开展，形成良性互动局面。

（二）通过班会加强班级建设，有效培养团结协作精神

班会是强化学生团体意识的重要手段。班会必须具有连续性、制度性以及高质量，因为它直接关系到一个班级的班风。重视班会在班级团队协作建设中的重要作用，通过师生的共同努力，形成良好的班风。师生共同努力，打造有着共同的目标、共同的荣誉感和为达到共同目标而组织的相同活动，形成正确的舆论和优良的作风，建立严格的制度和纪律，进而形成团结协作、平等互利的人际关系和团队精神。

（三）通过丰富多彩的校园活动及社会实践，增强学生的团结协作能力

校园文化活动和社会实践是学生在学校的"第二课堂"，在强化学生的团队意识、提升合作能力、提高综合素质、促进学生成长成才等方面发挥着重要的作用。现在的中职生是新时代的青年人，他们热衷于组织和参与这些活动，有利于团结协作精神的培养。

社团活动也是培养中职生团结协作精神的有效途径。例如，中职生可自发成立一些发明创造类社团（电子兴趣小组、网页设计兴趣小组等），这些社团活动仅靠一个人的创意可能不是完美的，即使有好的创意，仅靠个人也是无法完成的，它需要社团成员组织分工、团结协作才能完成，正是在这不断探索的过程中才逐渐凝聚起较强的团队精神。

四、学会宽容与合作

今天的事业是集体的事业，今天的竞争是集体的竞争，一个人的价值只有在集体中才能得到体现。成功的潜在危机是忽视了与人合作或不会与人合作。有的中职生动手能力强，想

法也不错，但当他的想法与别人的不一致时，只是固执己见，不知如何求同存异；有的中职生谈到自己的同学时，对同学很挑剔，缺乏客观看待事物的品质；有的中职生在家里是被照顾、被包容的珍宝，特别有一些家庭环境比较好的，由于有优越感，更不容易做到宽容待人和与人合作。

中职生要认识到：团队中的每个人各有长处和不足，关键是成员之间以怎样的态度去看待，能够在平常之中发现对方的美，而不是挑对方的毛病，培养自己求同存异的素质。中职生在日常生活中需要正确引导，有效地培养良好的宽容与合作的品质，相互关爱、相互理解、友好合作。这不仅是培养团队精神的需要，而且也是获得人生快乐的重要方面。

单元活动

1.活动主题

团队合作。

2.活动目的

（1）增进学生对团队合作的理解，提高学生的团队合作意识。

（2）学生学会如何开展团队合作。

3.活动方法

（1）团体游戏。

（2）小组讨论。

（3）头脑风暴。

4.活动程序

活动 （40分钟）	步骤	活动资源
导入环节 （5分钟）	1.出示"团队合作智慧故事"，让学生阅读。 2.学生阅读后，提问： （1）这两则故事的共同核心观点是什么？ （2）你在人际交往中遇到过需要团队合作完成的事吗？	附件2-5
活动形式 （25分钟）	一、热身活动 教师：今天请大家和我合作来完成这次活动。因为是合作，所以希望大家的身份是平等的，希望大家不要拘束，要放松自己，畅所欲言，把你的东西拿出来让大家分享。 （教师和学生围成一圈，坐在地板上。） 教师：首先，我们先来学习一个自我激励的手势语言。	教师指导，全体学生参与，游戏需要的物品

活动 （40分钟）	步骤	活动资源
活动形式 （25分钟）	先用右手指碰一下左肩，再碰一下右肩，然后右手竖起大拇指从胸口用力伸出，再换左手同样动作，最后双手齐做，双手交叉用拇指碰左右肩，然后从胸口将双手用力伸出，拇指朝上："我真的很不错，我是真的真的很不错。" 　　要求学生声音洪亮，充满自信，并配以手势"我真的很不错，我真的真的很不错"来学习这个自我激励的手势语言。 　　教师：大家能再勇敢、再自信一点就更好了。 　　现在我把词改改送给大家——你们是真的很不错，你们是真的真的很不错，你们是真的真的真的很不错。 　　（及时肯定学生的学习，并配合手势，活跃课堂气氛。） 　　教师：这是我们开场之前活跃气氛的游戏。现在我问大家一个问题："在我们刚才的自我激励手势中存不存在合作？如果存在合作，那么存在的是哪些合作呢？" 　　（学生交流讨论。） 　　学生：存在着合作。存在着手和嘴的合作，存在着学生和老师的合作。 　　（及时肯定学生的答案，并进行话题延伸。） 　　教师：非常好！那么我们的现实生活中还存在着哪些合作呢？ 　　学生：同学之间打篮球时的合作、上课时和老师的合作等。 　　二、参与体验 　　1.情境导入：通过设置两个问题情境，在情境中让学生了解合作及其重要性。 　　教师：大家一起来想一想，世界上有没有只靠一个人就能完成的事情？有没有必须靠两个人以上才能完成的事情？那么，世界上有没有一个人根本就完成不了的事情？试着通过举例来证明你的观点。 　　（学生讨论交流。） 　　教师归纳：世界上的很多事情是要靠和别人共同协作才能完成的。 　　教师：请大家分析下列工作需要多少人才能完成？ 　　（1）出版一本书； 　　（2）制造一辆汽车； 　　（3）唱一台好戏； 　　（4）建设三峡工程。	教师指导，全体学生参与，游戏需要的物品

活动 （40 分钟）	步骤	活动资源
活动形式 （25 分钟）	（学生讨论交流。） 　　师生共议后归纳：完成每一项工作都需要众人合作，小到我们的日常生活和学习，大到国家建设。只有大家共同合作，齐心合力，才能获得更多的成功。就像我们这双手，紧紧握在一起，为了共同的目标，团结合作。 　　2.活动体验：通过"折筷"活动，让学生体验合作的重要性和必要性。 　　活动目的：通过"折筷"活动，增强团结协作能力和集体归属感。 　　活动准备：一定数量的筷子。 　　做法：请一个学生依次将一根筷子、两根筷子、三根筷子……折断，每次增加一根筷子的数量，直到加到十根筷子。 　　（教师将筷子交给一名学生，数量慢慢地由一根变为十根。） 　　教师：一根筷子能够折断，两根筷子也能折断，十根筷子却没有人能够折断，为什么？ 　　（请学生畅谈活动的体验，感受到合作的重要性。） 　　学生 A：遇到了困难，一起商量，团结合作，共同克服困难。 　　学生 B：我们必须心往一处想、劲儿往一处使，事情才能做得又快又好。 　　教师：的确，相对于个人的力量来讲，集体的力量更为强大。在自然界面前，人类个体的力量是脆弱的，而人能战胜自然，更多的就是依靠集体的力量、合作的力量。今天，我们大家将要来进行一系列的游戏，看我们哪组能更好地发挥集体的力量，更好地合作。 　　（教师板书：团队合作） 　　3.游戏体验：通过游戏认识到团队成员的互帮互助，让学生产生成就感、力量感，增进团体认同感和凝聚力。 　　游戏一：汪洋中的一艘船（或同舟共济）。 　　（1）营造氛围，使大家进入想象中的场景：自己和团队一起在大海上航行，突然间乘坐的轮船沉没了，所有人都必须搭上救生艇才能活下来到达陆地。（音乐） 　　（2）将所有学生分成两组，每组选出一名队长，指挥大家上船，务必保证所有学生都要上船。地面被当作是一片大海，每组领两张报纸铺在地面上作为救生艇，所有学生的脚都必须在救生艇上才算成功。接下来，收回一张报纸，即救生艇更小了，让学生继续上船，看是否一样成功。	教师指导，全体学生参与，游戏需要的物品

活动 （40 分钟）	步骤	活动资源
活动形式 （25 分钟）	（3）游戏结束，大家分享游戏的体会与感受，怎样才能让所有成员登上船？ （4）自由回答，成功的体验和失败的体验。 　　学生总结游戏中的体会，教师引导学生理解"想成功必须要团结，必须要合作"的道理。 　　游戏二：盲人方阵 　　（1）将两队所有学生的眼睛蒙住，要求每队在 15 分钟里找到脚下的绳索； 　　（2）用找到的绳子围成一个尽可能大的正方形，要求学生在蒙住眼睛的前提下抓住绳子； 　　（3）比一比，在规定时间内哪一组完成得好而且快； 　　（4）游戏结束，学生交流分享成败所在。 　　学生总结游戏成败，教师根据学生的发言，及时点出"目标一致、积极沟通、互相配合、合理分工"并板书在黑板上。 　　4."休息"，体验信任是合作的基础。 　　教师：大家刚才做了很多游戏，我想让大家轻松休息一下，全体起立，我们进入"信任背摔"的放松休息环节。 　　"信任背摔"的场景导入：大家都是一艘即将沉没的海船上的船员，船上仅有的救生艇都已满员，可还有一位同伴在甲板上没搭上救生艇。如果 3 分钟内这个同伴没有安全搭上救生艇，那么我们就将推动这位可爱的同伴。与此同时，救生艇已达到饱和，如果那位站在甲板上的同伴就这样跳上救生艇，很可能会冲击到救生艇从而大家都沉入大海。所以，我们必须寻找一个最安全最稳妥的办法，让这位同伴顺利上艇。 　　"信任背摔"的做法：全队每个人轮流到背摔台上背向队友，双脚后跟 1/3 出台面，身体重心上移尽量垂直水平倒下去，台下的队友平伸双臂做保护，并把他接住。 　　（学生交流训练的感受。）	教师指导，全体学生参与，游戏需要的物品
活动形式 （25 分钟）	教师：在这个团队游戏中，我们中的每个人都要从 1 米多高的地方直身向后倒下，如果能相信自己的团队，就必定能沉着地平躺着向下摔。它验证了人与人之间心灵的交流和可信度。"信任"首先要相信自己，做什么都要充满自信，更要有责任心，这样才会被信任。"没有完美的个人，只有完美的团体"，团体不是孤立的团体，而是由每个单独的个体组成的，只有每个人都积极向上，才尽所用，我们大家才能拧成一股绳，发挥团体的最大功能。 　　（教师根据学生的交流，板书"信任"。）	教师指导，全体学生参与，游戏需要的物品

活动 （40分钟）	步骤	活动资源
活动总结 （5分钟）	同学们，通过今天这次活动，我想大家一定深切地体会到合作的喜悦、团结的力量。我们每一位同学都融入了各自的团队，也增进了团队的凝聚力和战斗力，并借助于自身的能力和相互之间的信任战胜了活动中的许多困难。	多媒体教学平台
自我评价 （5分钟）	1. 今天我学到的是：_____ 2. 这次活动给我印象最深的是：_____ 3. 这次活动给我的感受是：_____ 4. 我想对老师说：_____	多媒体教学平台

5. 活动建议

活动	建议
热身活动	活动前要充分调动学生的积极性，在热身游戏过程中要多注意性格内向、参与度不高的学生，帮助他们融入活动中来。
参与体验	这个环节既有思考也有游戏活动，教师要将知识学习与活动参与相融合，在讲解知识时，所设置的问题可以采用点名提问的方式让学生回答，增强学生的课堂专注度，推动课堂教学顺利开展。

6. 活动延伸

活动	内容	建议
合唱《众人开桨划大船》	目的：通过歌曲，再次感受团队合作的力量。 教师领唱，学生跟唱，学生学会之后可以班级合唱。	可在一段时间内将这首歌作为活动前热身歌曲来唱。

7. 活动资源

附件2-5　团队合作智慧故事

故事一　愚昧的争斗

森林里，一条巨蟒和一头豹子同时盯上了一只羚羊。豹子看着巨蟒，各自打着算盘。

豹子想：如果我要吃到羚羊，必须首先消灭巨蟒。

巨蟒想：如果我要吃到羚羊，必须首先消灭豹子。

于是几乎在同一时刻，豹子扑向了巨蟒，巨蟒扑向了豹子。

豹子咬着巨蟒的脖颈想：如果我不下力气咬，我就会被巨蟒缠死。

巨蟒缠着豹子的身子想：如果我不下力气缠，我就会被豹子咬死。

于是双方都死命地用着力气。

最后，羚羊安详地踱着步子走了，而豹子与巨蟒却双双倒地。

智慧点拨：

如果两者同时扑向猎物，而不是扑向对方，然后平分食物，两者都不会死；如果两者同时走开，一起放弃猎物，两者都不会死；如果两者中一方走开，一方扑向猎物，两者都不会死；只有两者愚昧地争斗，才会双双毙命。

故事二　谦虚是合作之基

有一只骆驼离开主人，独自漫步在偏僻的小道上。长长的缰绳拖在地下，它却漫不经心地向前走着。这时，来了一只老鼠，它咬住缰绳的一头，牵着这只大骆驼就走。老鼠得意地想："嘿，瞧我的力气多大啊！我能拉走一头大骆驼呢！"

一会儿，它们来到河边。大河拦住了去路，老鼠只好停了下来。

这时，骆驼开口了："喂！请你继续往前走啊！"

"不行啊！"老鼠回答说，"水太深了。"

"那好吧，"骆驼说道，"让我来试试看。"

骆驼到了河中心便站住了，它回头叫道："你瞧，我没说错吧，水还没有没过膝盖呢。好啦，尽管放心下来吧！""是的。"老鼠答道，"不过，正如你所看到的，你的膝盖和我的膝盖之间可有不止一点点的差别啊。劳驾，请你渡我过河去吧！"

"好，你总算认识到自己的不足了。"骆驼说，"你很傲慢，夜郎自大。要是你能保证今后谦虚一点，那我才肯渡你过河。"

老鼠不好意思地笑着答应了。就这样，它俩一起平平安安地到了对岸。

智慧点拨：

谦虚是合作之基。人都有自己所不能够做到的事。谦虚的人通常能看到自己的不足——与强者联合共渡难关，在互助中享受生命的快乐。

单元五　亦师亦友的师生关系

学习目标

1. 帮助学生正确认识并建立良好的师生关系，理解老师只是一个社会角色，他们也有自己的个性特点，学会与老师沟通的技巧。

2. 帮助学生学会换位思考，多从对方的角度来思考问题，掌握好师生关系和上下级的关系的尺度。

知识储备

师生关系是学校教育过程中最基本、最重要的关系，其核心是尊师爱生。这里的"尊"也包含了爱的成分，即学生不仅要尊敬老师，同时也要热爱老师；这里的"爱"也包含了尊的成分，即老师不仅要热爱学生，同时也要尊重学生。这种尊师爱生的关系具有强烈的情感特点，它成为师生双方协同活动的巨大动力。

一、中职学校师生关系的特点

师生关系是中职学校培养具有创新精神和实践能力的高素质人才的重要环境之一。中职阶段的师生关系应该是平等的、民主的、和谐的。

（一）平等的师生关系

师生间的关系应该是朋友关系，因为只有是朋友关系，彼此间的地位才是平等的，地位平等才可以平等地讨论问题，分享各自的喜怒哀乐。

不平等的师生关系是上下级的关系，下级必须服从上级。传统的父母与子女之间的关系也是不平等的，因为存在着"长幼有序"和"孝顺"的传统。传统的师生关系就是建立在这两个不平等的关系之上，或者说是这两个不平等关系的综合。师生间呈现出领导与被领导的关系，学生必须无条件地服从老师。在学生眼里，老师就是家长的化身。学生的人格得不到尊重，学生没有权利与老师讨论问题，更不敢争论问题，这样就失去了思维的独立性。学生不敢"起疑"，也不敢"质疑"，这样的教育环境不利于创新精神的培养。

（二）民主的师生关系

民主是指老师和学生都有权利和义务。在传统的师生关系中只注重学生尊师的义务而忽略了学生的权利。学生有以下七项权利：

（1）学生有受教育的权利；

（2）学生有发问的权利与了解的权利；

（3）学生有说"不"的权利；

（4）学生有不同于他人的权利；

（5）学生有保留不同观点的权利；

（6）学生有保留个人秘密的权利；

（7）学生有发展自己的个性和兴趣的权利。

民主的师生关系就是师生间互相尊重对方的权利，各自尽自己的义务。在一定的权利和义务范围内的民主师生关系是培养创造性思维的保证。民主的师生关系是师生间互尊互爱的关系。

（三）和谐的师生关系

和谐是指人与自然的统一，人与社会的统一。和谐的师生关系从两个方面来理解：一方面是从老师对待学生来理解。老师不能嫌弃、放弃任何一个学生，应该尊重每一个学生的人格，热爱每一个学生，因为每一个学生各有自己的天赋。另一方面从学生对待老师来理解。每位老师都是学生的朋友，有问题要敞开心扉共同探讨，尊重真理，尊重老师的人格和权利，在学习、创新的过程中体验人与自然、人与社会关系的和谐，体验人的社会性，体验"人是社会各种关系的总和"这个真理。

二、如何协调好与老师的关系

老师是学生生活道路上的师长和启蒙人。学生的生活，一刻也离不开老师的帮助和教诲。如何协调好与老师的关系，主动与老师交往，对于学生的成长有十分重要的意义，学生可以从以下几个方面着手：

（一）尊敬老师

老师甘做人梯，这种奉献精神是伟大的。学生的成长和每一次进步，都凝聚着老师的汗水和心血。所以学生应该尊敬老师，爱戴自己的老师。

尊敬老师应表现在日常生活中。见到老师要主动打招呼，问好，要有礼貌。尊重老师的劳动。老师几乎是把所有知识无私地、毫无保留地教给学生。如果他们希望得到什么回报的话，就是希望看到学生成才，成长，在专业知识和技能的高峰上越攀越高。学生应该诚恳、谦虚地接受老师的教导，以优异的成绩和全面发展的良好素质来回报老师付出的辛勤劳动。

（二）主动、热情、诚恳地与老师交往

一位老师要面对许多学生，有时可能应接不暇，不能根据学生需要及时与学生交流．难免对个别学生照顾不周。如果学生主动向老师"进攻"，把埋在心里的事情袒露出来，生活上有困难向老师求助，学习上遇到难题向老师请教，主动与老师探讨人生哲理……是能够得到老师的帮助、理解和信任的。这样，学生才能真正与老师交朋友，才能更快地进步，迅速地成熟起来。

（三）正确发表对老师的看法

当学生与老师产生误会时，首先要平心静气，以一种坦诚的态度与老师交流，毫不隐瞒地把自己的态度和造成误会的原因说出来。待老师的情绪稳定下来之后，会与学生一起冷静地分析事情的利弊，客观地看待问题。如果问题出自学生，学生就要主动承认自己的错误，改正自己的缺点；如果问题出自老师，学生也应该体谅老师，相信老师会认识到自己的错误。经过交流和沟通的师生关系将更加融洽。

（四）以正确的态度接受老师的善意批评

有时候学生也会对老师的批评感到反感，认为老师管得太严，觉得不自由。但只要想一想，便会明白其中的道理。严，正是老师爱的表现。没有哪位老师不爱自己的学生，不希望自己的学生能健康成长的。老师通过严格的管理和训练，培养学生一丝不苟的治学精神和实事求是的科学态度，培养学生良好的品德和文明的行为习惯，这是培养人才的需要。不严，何以能治学？不严，何以能育才？鲁班从严师学艺，最终成为一代宗师。被誉为"书圣"的王羲之，是在东晋女书法家卫夫人的严格要求下成长起来的。学生应该理解老师的苦心，正确对待老师的批评，诚恳地接受老师的指导和严格要求，从而确立良好的师生关系。

（五）正确认识和对待错怪自己的老师

在生活中，常常会遇到被别人错怪或误解的事情，这时我们可能会感到委屈、生气。作为学生，当然更不希望被老师错怪或误解。但是，这种情况一旦真的发生，应采取什么态度去对待呢？任何人一生都会犯这样或那样的错误，老师也难免。有时，可能因为老师对情况了解不够全面，而对学生做了不切实际的批评，但希望自己教的学生上进、有所作为，是所有老师的共同愿望和出发点，老师本身的愿望绝不是把自己的学生推向反面。学生不能因老师错怪了自己就产生嫉恨心理，认为老师偏心眼，更不能采取消极的态度与老师对抗。应该头脑冷静，努力克制自己，不冲动，然后根据当时的环境和条件，能解释就解释清楚，一时

不便解释的暂时放一放，以后找适当的时机再解释，也可请同学或班干部代替自己去解释。这样，通过缓和的方式解除相互间的误解，缩短心理距离，扭转老师对自己的印象，师生关系会更融洽。

单元活动

1.活动主题

将师生关系转化为上下级关系，并正确处理这一关系。

2.活动目的

（1）正确认识并建立良好的师生关系。

（2）理解老师只是一个社会角色，他们也有个性特点。

（3）学会与老师沟通的技巧。

3.活动方法

（1）小组讨论。

（2）游戏体验。

4.活动程序

活动 （40分钟）	步骤	活动资源
导入环节 （5分钟）	师生之间最基本的关系是工作关系，师生在教育内容的教学上结成授受关系，师生在人格上是平等关系，师生在社会道德上是相互促进关系。从背着书包走进教室的那一天起，在你的生命中又出现了一个重要的角色——老师。这个角色很特别，有时像父母一般关心、教导你；有时又像朋友一样理解、支持你；更多的时候，是站在讲台上，带领你走进知识的殿堂，给你讲述做人的道理。这就是老师，陪伴你走过人生最重要的成长岁月，从懵懂的无知孩童到朝气勃勃的有知青年，你从老师身上收获的不只是知识和技能，还有为人处世的方法、良好的习惯、高贵的品格。 　　在这一节中，我们来说说和老师之间的关系，探讨一下什么样的心态和方式与老师相处才是最融洽的。	教师讲解，全体学生参与
活动形式 （25分钟）	一、心境创设 　　（一）请写出你所欣赏的老师的特质 　　（1）小学阶段，我最喜欢＿＿＿老师，他（她）是一个＿＿＿＿＿＿＿的人。 　　（2）初中阶段，我最喜欢＿＿＿老师，他（她）是一个＿＿＿＿＿＿＿的人。 　　（3）职中阶段，我最喜欢＿＿＿老师，他（她）是一个＿＿＿＿＿＿＿的人。 　　你不喜欢的老师形象是：＿＿＿＿＿＿＿。	教师指导，全体学生参与

续表

活动 （40分钟）	步骤	活动资源
活动形式 （25分钟）	（二）小故事大智慧 1. 文丽最不喜欢的就是数学课。因为之前在课上帮同学传了个小纸条，受到数学老师的批评，所以她很不喜欢数学老师，不喜欢看到数学老师，不喜欢听数学老师说话，经常在课下嘲笑数学老师穿着老土，在校园里遇到数学老师总是假装没看见。结果，文丽的数学成绩越来越差，她对数学也越来越没兴趣。 2. 从第一次厨艺课开始，赵宇就开始喜欢刘老师了。为了让刘老师注意到他，他每次都很认真地听课，课外花很多时间练习，一个学期下来，赵宇的进步很快，还当上了课代表，和老师直接交流的机会更多了。他在老师的指导下开始研究创新菜式，作品越来越精美，还代表学校参加了市里的厨艺大赛，拿了二等奖。 教师总结：我们从文丽和赵宇身上发现自己的影子了吗？这是人际关系中的什么效应呢？当我们喜欢一个老师的时候，就会亲近他，喜欢上他的课，努力认真地学习，希望老师也喜欢你，不想让老师失望。可是，当我们讨厌一个老师的时候，就会相应地讨厌他教的科目，他对你的要求常常会激起你的逆反心理。当我们把精力都用在否定老师并和他作对时，恐怕很难从他身上学到些什么。所以，与老师建立良好关系，才能学得好、学得多，最终学有所成。 （三）短剧启示录 观看短片《老师，对不起》，思考与老师建立良好关系的意义。 心理研究发现，我们都喜欢那些喜欢自己的人，所以，当我们不喜欢老师或者与老师关系很冷漠的时候，老师也会接收到这一信息，我们也就很难获得老师的关注和期望，这最终将影响我们的发展。 二、换位思考能力训练 （一）换位数学题 现在请大家做道数学填空题： 1. 一位同学一个学期一共要上门课程，有＿＿＿位老师传授知识给你，你记住了＿＿＿＿＿位老师的姓名，你每次完成一门课程的作业需要花费＿＿＿＿＿（时间）。	教师指导，全体学生参与
活动形式 （25分钟）	2. 一名老师一个学期一共要上＿＿＿＿个班级的课程，一个班有＿＿＿位同学，老师记住了＿＿＿位同学的姓名，老师备课需要免费＿＿＿＿＿（时间）。 （二）换位升级 假如老师是你的上级，你是他的下属，有一件事需要与上级沟通，我们会怎么做？	教师指导，全体学生参与

续表

活动 （40分钟）	步骤	活动资源
活动总结 （5分钟）	通过这次活动，我们能够正确认识并建立良好的师生关系，理解老师只是一个社会角色，他们也有自己的个性特点，学会了与老师沟通的技巧。在以后的学习生活中，我们要多从对方的角度来思考问题，掌握好师生关系和上下级关系的尺度。	多媒体 教学平台
自我评价 （5分钟）	1. 今天我学到的是：＿＿＿＿＿＿＿＿＿＿＿＿＿＿＿＿ 2. 这次活动给我印象最深的是：＿＿＿＿＿＿＿＿＿＿ 3. 这次活动给我的感受是：＿＿＿＿＿＿＿＿＿＿＿＿ 4. 我想对老师说：＿＿＿＿＿＿＿＿＿＿＿＿＿＿＿＿	多媒体 教学平台

5.活动建议

活动	建议
心境创设	注意做好活动前引导，这个环节可以多关注平时性格内向或上课纪律性比较差的学生，引导他们说出自己喜欢的老师或对老师印象深刻的地方，抓住改善学生学习情况的机会。
换位思考能力训练	可创设多种情景，不局限于填空的形式，让学生自由深刻体会换位思考的重要性及方法。

6.活动延伸

活动	内容	建议
办公室与上司沟通的学问	目的：通过探究职场中与上司沟通的场景，增强中职生的实际沟通能力。 　　根据模拟的办公室上下级沟通场景，学生自主处理工作场景的沟通矛盾，分析案例中的"迷路"原因，并学习正确的沟通方式。	对于中职生来说，知识的实用性更加重要，本次活动延伸模拟了工作中可能遇到的沟通问题，可以先让学生试着说一说出现类似的情况应该怎么处理，然后根据所学知识进行改进。

单元六　感恩的亲子关系

学习目标

1. 增进学生对父母的了解、理解，让学生学会关心、尊重父母。

2. 帮助学生掌握恰当处理亲子冲突的方法，与父母融洽相处。

3. 在日常生活中，主动建立和谐的亲子关系，营造良好的家庭氛围。

知识储备

一、中职生与父母关系的特点

人生有两个反抗期。第一个是在四五岁时，这时的孩子意识到自己能做一些事情，因此常常会说："我自己来。"第二个是在十四五岁时，这时的孩子一心想离开父母的监视，彻底地切断个人与父母在心理上联系的"脐带"，成为独立的自己。他们最容易用语言和表情来抗衡父母，表达自己成长与独立的要求。大多数人的第二反抗期在初中阶段，而中职生正处于第二个反抗期的过渡阶段。

中职生由于自我意识的分化，产生了独立性，他们在家庭中的地位也因此发生了变化。在初中阶段，他们的依从性较强，进入中等职业学校后，其依从性的内涵发生了变化，不再是在物质、时间、空间、生活上的依从，而是在学习上希望得到指导，特别是遇到困难时想得到父母的指导。

中职生在家庭中由依从到独立的变化，使得家庭中的人际关系也发生了变化。

对父母由初中时的亲近变成疏远，但疏远不是隔绝而是为了表现"自我"，不希望父母限制独立，但希望父母作高层次的指导。

中职生的独立性是由心理上的独立发展到生活上的独立，体现出一个变化过程。造成父母和孩子之间冲突的具体原因很多，在心理方面，主要是因为父母出于担心未对孩子完全放手，然而习惯了依赖和被保护的孩子要独立。一方面孩子要独立，另一方面家庭要限制，因此产生了独立与限制独立的矛盾，于是家庭中人际关系由亲热变成冷淡，由亲近变成了疏远。

二、中职生与父母沟通的重要性

矛盾不可避免地会影响家庭气氛，给孩子和父母带来情绪困扰，这就更加突显了孩子与父母沟通的重要性。父母毕竟是上一个时代的人，他们很可能不知道现在的明星、不懂得时尚，但这并不代表他们就什么都不懂。不要因此看低自己的父母，你的所有成就应该属于他们。你不一定都要听从他们的，但必须尊重他们。父母有时并不像我们想象中那么"蛮不讲理"，与父母进行良好的沟通，用你的坦诚去换取父母的理解与信任是最明智的做法。向父母提出你的合理要求，并说明原因，留给他们一个可以发表看法的机会。这样做，成功率肯定大大提高。如果一开始便抱着父母肯定不理解自己的态度，即使据理力争，常常仍是徒劳。事实上，父母很希望孩子跟他们商量些什么，以表明他们在孩子心中的重要地位。

许多家庭之所以不和睦，其重要原因就是不懂得感恩。接受家庭现状，促进家庭的完善与发展，不仅是父母的责任，中职生也应该承担作为孩子的义务，和父母共同成长。

三、中职生应该如何与父母相处

（一）主动交流

早上要向父母说声"早上好"，外出时向父母说"再见"及交代预计回家的时间。多利用言语表达你的关心，亦可以用小字条表达心意。做错事时要坦诚认错。每周（或每天）找一点时间，和父母主动谈谈自己的学校、老师和朋友，学习或生活情况，与家人一起分享你的喜怒哀乐。

（二）创造机会

安排固定的时间协助父母做家务，尽力做好自己的事——努力读书学习，对工作负责投入，在节日或父母生日时表达心意，如送礼物给父母或一同外出联络感情。每周至少跟父母一起做一件事，比如做饭、打球、逛街、看电视，边做事情边交流。

（三）认真倾听

当被父母批评或责骂时，不要着急反驳，试着平心静气地先听完父母的想法，说不定你会了解父母大发雷霆背后的理由。平时和父母谈话时，可以尝试着听听父母的想法、需求、担忧及压力。

（四）主动道歉

如果你做得不对，不要逃避，不要沉默不语，主动道歉，往往会得到父母的理解。

（五）善于体谅

观察父母的日常生活习惯及作息时间，注意他们平日的身体状况与健康情况。有时可能错不在你，即使你有很大的委屈，也不要急于争辩，想想父母工作生活中的劳累和麻烦。也许换个时间和地点，再与父母沟通，会有意想不到的效果。

（六）控制情绪

与父母沟通不良时，不随意发脾气顶嘴。想要动怒时，可以深呼吸，离开一会儿，或用凉水先洗洗脸。

（七）分担家务

在做好自己事情的同时，主动分担一些家务劳动，比如洗碗、倒垃圾、擦窗等。趁机还可以跟父母聊聊天。

（八）讨论问题，达成协议

学会遇事多与父母讨论，并就如何行动达成协议。例如父母会担心子女沉迷于电脑游戏而荒废学业，如果能就玩电脑游戏的时间和学业的平衡进行讨论并达成协议，问题和分歧便能解决了。

单元活动

1. 活动主题

亲子关系。

2. 活动目的

（1）增进对父母的了解、理解，学会关心、尊重父母。

（2）恰当处理亲子冲突。

（3）学会换位思考，与父母融洽相处。

3. 活动方法

（1）游戏体验。

（2）小组讨论。

4.活动程序

活动 （40分钟）	步骤	活动资源
导入环节 （5分钟）	亲子关系是我们每个人来到世间的第一个人际关系，它对我们每个人的身心健康都是十分重要的。 亲子关系指父母与未成年子女的关系，这一阶段的亲子关系是孩子一生当中能否走向成功的关键时期。这一时期对孩子性格的形成、品质的培养、意志的磨炼、与人交往模式的建立，都起到了决定性的作用。 但生活中总是见到很多孩子对自己的父母牢骚满腹，有些父母对自己的孩子也是各种不满意。造成这种现象的原因很多，解决的方法就是要建立和谐的亲子关系，营造良好的家庭氛围。	教师讲解、多媒体教学平台
活动形式 （25分钟）	一、亲情歌曲接力赛 请大家以小组为单位，尽可能多地准备关于亲情的歌曲。 各组依次派一名代表（可以更换，但每次只能一位）报歌曲名字，并唱出歌曲核心部分，不得离题、不得重复，否则待定一次后被淘汰。坚持到最后者为胜方，一共进行 4～5 轮。 二、短片启示录 **父母和孩子对亲子关系的看法** 从父母的角度来看：现在大都是一个孩子，不好管教，这是父母最头疼的问题。在建立亲子关系的时候，总是存在这样或那样的问题，关系太亲密了，恐怕产生溺爱，关系疏远了，又恐怕孩子抱怨。有些父母与孩子在某阶段可以相互适应，但到了另一阶段则无法相处。譬如，有些父母能好好照顾且抚养日夜安睡的幼小婴儿，但觉得难以管教到处乱跑的幼儿；或能应付依赖的孩童，但无法与青春期的孩子和谐相处。 从孩子的角度看：自进了中学以来，你会渐渐地发现自己在许多方面有了改变。比如说，越来越觉得爸爸妈妈不理解自己，也变得越来越唠叨；小时候觉得爸爸妈妈是最完美的人，简直是你崇拜的偶像，上了中学后却发现爸爸妈妈也有缺点；小时候总和爸爸妈妈一起去商店、逛公园，上了职中却更愿意和同学一起玩；小时候有什么心事都跟爸爸妈妈说，可现在却愿意在日记里和自己说……这就是长大吗？ 三、自我检测 （一）与父母默契大考验 1.你了解自己的父母吗？请拿出你的笔，回答下面几个小问题。 （1）爸爸的生日是＿＿＿＿＿月＿＿＿＿＿日。 （2）妈妈的生日是＿＿＿＿＿月＿＿＿＿＿日。 （3）爸爸最喜欢吃的菜是＿＿＿＿＿＿＿＿＿＿＿＿＿＿＿。 （4）妈妈最喜欢的衣服颜色是＿＿＿＿＿＿＿＿＿＿＿＿＿。 （5）闲暇的时候爸爸喜欢＿＿＿＿＿＿＿＿＿＿＿＿＿＿＿＿。	教师指导，全体学生参与。 多媒体课件

活动 （40分钟）	步骤	活动资源
活动形式 （25分钟）	（6）闲暇的时候妈妈喜欢_____。 （7）爸爸最大的心愿是_____。 （8）妈妈最喜欢说的一句话是_____。 （二）计算亲情账单 　　你有没有责怪过父母对你说的话做过的事呢？养育孩子可不是一件容易的事。你是不是真的已经清楚父母为你付出的辛苦与金钱呢？这是一张亲情账单，请你来写一下： 　　胎儿期：_____ 　　婴儿期（0～2岁）：_____ 　　幼儿期（3～6岁）：_____ 　　小学期（7～12岁）：_____ 　　初中阶段：_____ 　　职中阶段：_____ 四、心境创设 1.思考：你和父母用一周时间交换一下角色，用心体会一下父母这一周的时间怎么度过的。 2.看图思考：对漫画《孝心》理解正确的是：妈，晚上做些好吃的，我们去给您过"母亲节"。 　　A.这是子女对父母养育之恩的回报 　　B.这是父母对子女应尽的养育责任 　　C.孩子要回家，妈妈很高兴 　　D.这是子女没有真正尽到孝敬父母的义务 3.现在我们有些时候不能理解父母的良苦用心，有时还很讨厌父母的唠叨，那再过十年、二十年、三十年，你能理解吗？你还会讨厌父母的唠叨吗？ 妈，晚上做些好吃的，我们去给您过"母亲节"	多媒体课件
活动总结 （5分钟）	通过这次活动，我们增进了对父母的了解、理解，学会关心、尊重父母；掌握了恰当处理亲子冲突的方法；学会换位思考，与父母融洽相处。在以后的学习生活中，我们要建立和谐的亲子关系，营造良好的家庭氛围。	多媒体 教学平台
自我评价 （5分钟）	1.今天我学到的是：_____ 2.这次活动给我印象最深的是：_____ 3.这次活动给我的感受是：_____ 4.我想对老师说：_____	多媒体 教学平台

5.活动建议

活动	建议
亲情歌曲接力赛	1.教师明确比赛的规则，帮助学生有秩序地竞争，避免出现矛盾或意外情况。 2.比赛的轮数不宜过多，能够调动课堂气氛，达到导入本课主题的目的即可。
短片启示录	教师启发学生思考与父母建立良好关系的必要性。
自我检测	可以先学生自行填写，再分析个别学生的测试结果，帮助学生学会自己分析自己的检测结果。
心境创设	重点引导学生体会对父母的责任与关爱。

6.活动延伸

活动	内容	建议
感恩父母，理解父母（附件2-6）	目的：引导学生正确认识家庭关系，帮助学生打开心结，理解包容自己的家庭。 内容包含理解父母的爱和离异家庭学生对父母感情的理解与处理，学生通过研究案例中的情况，能够从多种角度理解自己的父母。	教师让学生自己阅读附件2-6的内容，然后让学生针对不同的情况谈谈自己的理解。
知识储备	目的：帮助学生了解更多与父母相处的技巧。 首先了解与父母相处有哪些特点，其次了解与父母相处的重要性，最后通过几个技巧来帮助中职生与父母沟通。	建议学生自主学习，在了解与父母相处技巧的基础上，学生根据自身情况填写自己是如何与父母友好相处的，可以写自己还有哪些需要改进的地方。

7.活动资源

附件 2-6　感恩父母，理解父母

1.父母的爱我们不理解

如果以一个点为中心，无论半径有多长，圆心始终只有一个，我们就是那个圆心，而那个圆里，满满的都是爱。

从小到大，父母每天都围着我们转，把所有的精力都放在我们的身上，毫无怨言地为我们付出一切，尽他们所能给我们最好的，而我们呢？总是不能理解父母，觉得他们买的衣服不够时尚，觉得他们的观念不够现代，觉得他们的思想不够开明……当我们能够理解他们时，我们也已经为人父母了，当我们想要尽力补偿他们时，已经心有余而力不足了。我们把自己所有的精力放到了自己孩子的身上，就像当初父母一样，不计回报地付出，即使换来的是孩子的不理解。

父母永远都以自己的孩子为中心，一代一代地传下去。珍惜现在的时间吧，好好孝敬我们的父母，不要"子欲养而亲不待"，莫要让自己后悔终生。

2.父母的爱

记的是小学三年级寒假的一天，我和爸爸、妈妈去乡下爷爷家，晚上我突然发起了高烧，因为是在爷爷家住，所以没有小孩的退烧药。

爸爸赶忙出门去药店买药，但药店都关门了，这下可急坏了爸爸妈妈。这时候，妈妈比较冷静，她让爸爸把袋装牛奶放到冰箱里，然后给我敷在头上，又用白酒给我手心和脚心来回地擦，说是物理降温。

我迷迷糊糊地看见爸爸、妈妈为了我忙忙碌碌的身影，虽然是在冬天，但我却能看见他们额头上晶莹的汗珠。我感动地流下了眼泪。妈妈见我哭了，还以为我难受，不停地在旁边安慰我："宝贝，不哭，明天就好了。"

我紧紧地握着妈妈的手，心想等我病好了，我一定不再让爸爸、妈妈生气，我要让他们每天都开开心心的。慢慢地，我在妈妈的怀里睡着了。不知什么时候，我突然被一阵欢呼声吵醒，我睁开眼，看见爸爸、妈妈举着温度计高兴地笑呢。原来，经过爸爸、妈妈的精心照顾，我终于不再发烧了。他们高兴的样子像是中了五百万彩票！

这就是我普普通通的爸爸、妈妈，他们对我的爱是我一生中最宝贵的财富，我一定会珍惜。

3.父母的爱

在我的记忆里，父亲是严厉的，母亲是温柔的。

记得那是五年级下学期一次期末考试过后，我心中蛮有把握地对父母亲说："这次考试出的题目实在是太简单了，特别是数学，绝对能得95分以上，你们就放心等着我的好消息吧！"父母都很高兴，还给我做了许多好吃的东西，我心里美滋滋的。可真到了公布成绩的那天，我傻眼了，犹如晴天霹雳，我这个一向在班里名列前茅的优秀学生，在这次考试中，竟然只得了89分！我忐忑不安地回到家，怯怯地把试卷递给父亲，父亲乐呵呵地接过试卷，"啪"，试卷被狠狠地摔在地上，父亲的脸上立刻"晴转多云"，气冲冲地对我说："怎么回事？你不是说能考95分以上吗！"我胆怯地说："我，我也不知道，也许是我太粗，粗心了。""给你说过多少次了，不要粗心，不要粗心，做完后认真检查，不要东张西望，你就是不听！""好了，别对她那么凶了。"妈妈走过来，抚摸着我的头，亲切地说："下次考好点，你可要努力呀！"我当时心里非常难受，下决心要更加努力学习，在下一次的考试中取得优异的成绩。果然，在下一次期末考试中，我以数学98分、语文97分、英语100分的优异成绩成为全年级第一。其实说父亲严厉也好，说母亲温柔也好，他们都有一个共同点，那就是爱，在爱的鼓舞下，我驾驶着我人生的小船努力向前驶去……

4.单亲家庭孩子眼中的离异父母

下面这些故事来自不少单亲家庭的孩子，听听他们讲述与自己父母的故事。

（1）我的父母：爱情飞了，友情还在。

如果母亲还让我生活在原来那个家庭环境中，我真不知现在的我将会是什么样子。

原来的我像嗷嗷待哺的小鸟，虽然父母对我的爱真是无微不至，可他们也如同鸟儿的父母一样，只能一个觅食，另一个筑巢，他们不能同时做一件事，偶尔聚在一起，也总是吵个不停，我就是在这种既伤心又寂寞的气氛中长大的。

有一天，难得父母坐在一起，他们却郑重其事、客客气气，后来才知道这是他们的"临别赠言"仪式。

他们第一次难得一致地把我叫到跟前，说是尊重我的意见，要我做出选择。我果断而坚决地发表了自己的意见——弃权。可到了第二轮我就无法弃权了。于是，爸爸被淘汰出局，家里不见了他的身影。

两个女人的生活，由妈妈一副肩膀承担，她每天都在忙碌。她的言行告诉我，一个女人的一生中爱情是必不可少的，但它永远不应成为生命的唯一主题。

没有父亲在身边，虽然缺少了家庭的温暖氛围，但也给了我凡事都要自己判断和处理的机会。我觉得在生活自理这方面，我要比自己的同学强出不少。

而且渐渐长大的我，已懂得父母之间微妙的感情世界。他们性格不合，在生活中很难步调一致，但他们对我倾注的爱却是相同的。现在我想告诉和我有一样经历的同龄人：我们的父母已为我们付出了太多太多，他们有自己的情感世界，如果勉强凑合在一起，只能给大家都带来痛苦，其中也包括我们自己在内，那又何必！

虽然我的父母无法和我共同生活，这可能是我一生中最大的遗憾，但我还是祝福爸爸妈妈，希望他们各自能寻找到属于自己的幸福。只要他们生活快乐，我作为他们的孩子也就快乐了。他们永远都是我的最爱！

我参加中考后，彼此暌违已久的父母同时来到了我的身旁。这之后，爸爸的身影在家里出现的次数渐渐多起来。他俩在经过感情的尴尬后，决定做回好朋友：爱情飞了，友情还在嘛！两个人常边吃饭边东拉西扯，甚至有时还喝点小酒。这些年的生活，把他们磨砺得更像一对默契的老友，他们彼此原谅了对方。

（2）我不在父母的两个家庭两个世界里，我在姥姥家。

我8岁那年父母离异，妈妈和我住到了姥姥家。

爸爸不久就再婚了，阿姨带来个女孩，这是妈妈告诉我的。妈妈还告诉我说，爸爸原来是个班组长，一个女工因丈夫工伤死亡，带着孩子生活很不易，爸爸对她关心多了一些，于是舆论和妈妈的误解就使我们的家解体了。后来爸爸将错就错，和那个女工结了婚，但婚后的爸爸并不幸福，可能由于同情并不是爱吧，只是木已成舟。妈妈一年后也再婚了，她不能把我带去新家，因为那边的叔叔也有个女孩，我理解妈妈的苦楚。好在每到周末，她都会回姥姥家陪我住一宿。可是每到周末我放学回家，就会发现妈妈哭过，而见了我，她又装作若无其事的样子。晚上临睡前，妈妈总要重复那两句话："孩子，妈妈对不起你！""孩子，妈妈的命好苦啊！"其实，我知道妈妈因为平时不能照顾自己的女儿，却得照顾叔叔的孩子，心里难受。

上了高中，有一次我病了仍坚持上课，班主任老师摸摸我发烫的额头后，打电话问我爸爸："孩子是不是你女儿？夫妻离异了，父女关系难道也离异了吗？"受到老师严厉责问的爸爸，赶紧打车来到学校，把我送到医院。

我病好以后，爸爸又到学校来看我，说周末要给我提前过生日。那天傍晚爸爸在校门口等我，并说他也请了妈妈。

我和爸爸先到的火锅城，我们打算吃的是涮羊肉，妈妈到来之前，爸爸喝了点酒，他满脸通红地对我说："爸爸这辈子，一是对不起你妈，二是对不起你……"说着，他哭了！他骂自己，悔恨当初选择离婚。

这时妈妈到了。她只是象征性地吃了几口。我担心姥姥不放心，执意要走。大家站了起来，我左手拉着爸爸，右手牵着妈妈，一时百感交集，酸甜苦辣涌上心头，我哽咽着说："爸爸妈妈，你们都要好好生活，珍惜现在所拥有的。至于我，会在姥姥的照顾下，长大成人的。我是你们的女儿，会为你们和我自己努力，走好人生的每一步，将来用成就报答你们的养育之恩。若有来世，我不会让我们三个人再分开！"

爸爸望着自己昔日的结发妻子，泪水满面地对妈妈说："请多保重身体！"我知道他自从走上离异、再婚这条路后，已被感情煎熬得身心疲惫，虽然他仍牵挂着前妻和女儿，但他们已分属于两个家庭，而这两个家庭就是两个世界啊！这时妈妈也低着头，含泪嘱咐爸爸："你也要少喝酒啊！"他们就此别过。

望着父母渐渐远去的身影，我仰望天空，心潮翻滚，向姥姥家走去……

（3）作为三个母亲的女儿，我该把康乃馨送给谁？

我想在母亲节，给自己的妈妈送上一束康乃馨。这对我是个难题，因为我除了亲生母亲，还有两个跟我一起生活过的 A 阿姨和 B 阿姨。

亲妈在我 2 岁时离开了我，以后再没露过面。几年之后，爸爸给我带来了 A 阿姨，她还领来个比我大 3 岁的姐姐。起初我很不适应，但不久我们就友好相处了，那是因为姐姐处处让着我，而阿姨也待我很好。最让我难忘的是，我小学六年级上体育课时，不小心崴了脚，疼得龇牙咧嘴寸步难移，是 A 阿姨和姐姐，每天早晨送我到学校的教室里，每天下午背着我到医院去换药。所谓"伤筋动骨一百天"，在那段日子里，我得到了骨肉亲情般的温暖。

A阿姨生日那天，我饱含深情地对她说："妈妈，生日快乐！"她一愣之后，眼中含满着热泪。上帝给我送来了一个天使般的继母，我们一家四口度过了最幸福最快乐的时光。

谁知天有不测风云，好日子又到了尽头。爸爸和A妈妈的感情出现了危机，即便我努力搬来爷爷这个救兵，也没有拯救这个家。妈妈带着小姐姐走了，我们三个哭成一团，算是最后告别。

后来B阿姨又带着一个小弟弟来到我们家，我小心翼翼地和他们相处，总的来说一切还都过得去。我一般是从爸爸对我的爱来推想他和B阿姨的感情的，因为爸爸从没像现在这样对我不管不问。在我小的时候，我总是把父爱自私地占为己有，嫉妒爸爸关心别人。随着渐渐长大，我逐渐明白了，父亲也应该有自己的幸福，虽然我是他的女儿，但我也不能做他感情方面的"第三者"。

这期间有一回过春节，我买了节日礼物，从城东头来到城西头，去探望了我的A妈妈。见到我，她像待自己亲生女儿一样，把我揽在怀里，我们母女俩亲热地畅谈了一下午。原来没有血缘关系的亲情也可以很温馨。

后来有一次，B阿姨和爸爸为一点小事争吵起来，她竟要带着小弟弟走。开始我没说什么，当B阿姨骂了爸爸，历来脾气火爆的他却没还时，根据我的认识法则，这证明爸爸真的很爱她，于是我对B阿姨说："请你别吵了！"她却对我说："没你的事。"我气愤起来："你有没有搞错？我爸爸真的很爱你，我是他女儿，我了解他，你这么骂他他都不还口，他从来没有对一个女人这么好过！自你来以后，我很生气也很高兴，生气的是你夺走了爸爸对我的爱，高兴的是以后有人照顾爸爸了。我不能总在爸爸身旁，只希望你能终生陪着爸爸……"当我慷慨激昂地这样讲时，爸爸吃惊地望着我，阿姨也满脸诧异，他们没想到我一个孩子，竟能说出这样的话来。

这场风波过后，B阿姨开始经常询问我的冷暖饥饱了。是的，我有过三个妈妈。今年母亲节我要献上一束康乃馨，却不知道到底要献给她们当中的哪一个。

模块三

同理心

模块导言

同理心（Empathy），亦译为"设身处地理解""感情移入""共感""共情"，泛指心理换位、将心比心，指在人际交往过程中设身处地地对他人的情绪和情感的认知性的觉知、把握、理解和思考的能力。美国心理学家罗杰斯指出："有同理心的人，较有自信并乐于参与人际互动。"同理心是社会互动的基础，是人与人沟通时促进关系、解决矛盾冲突、处理问题的重要能力。具备同理心是认识他人、与人合作的重要基础。未来学家趋势专家丹尼尔·平克在他的《全新思维》中指出，同理心是新时代必须具备的六种能力之一。

早在两千多年前，孔子就说过"己所不欲，勿施于人"，这就是同理心所说的要做到"推己及人"：一方面，自己不喜欢或不愿意接受的东西千万不要强加给别人；另一方面，应该根据自己的喜好推及他人喜好的东西或愿意接受的待遇，并尽量与他人分享这些事物和待遇。西方文化同样也有强调和推崇同理心的传统："你们愿意人怎样对你们，你们也要怎样待人。"

本模块通过同理心核心概念简介及团队建设、积极倾听、换位思考等环节，帮助学生理解同理心，掌握同理心所需要的技巧和策略，从而有效提高共情能力。

知识导图

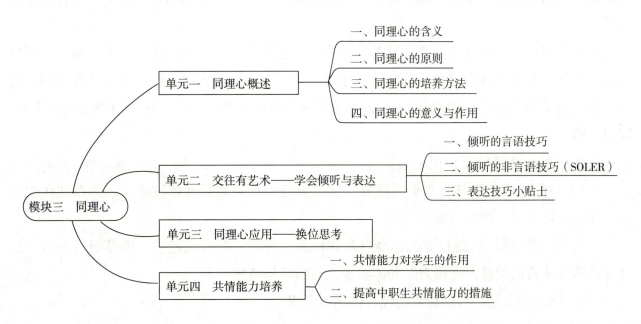

单元一　同理心概述

学习目标

1. 培养学生的同理心。
2. 帮助学生认识到同理心在人际互动、情感交流、矛盾化解、危机预防等方面的重要性。

知识储备

一、同理心的含义

同理心是站在当事人的角度和位置上，客观地理解当事人的内心感受，且把这种理解传达给当事人的一种沟通交流方式。

同理心是个心理学概念。它的基本意思是说，一个人要想真正了解别人，就要学会站在别人的角度来看问题，也就是人们在日常生活中经常提到的设身处地、将心比心。心理学家发现，无论在人际交往中发现什么问题，只要你坚持设身处地、将心比心，尽量了解并重视他人的想法，就比较容易找到解决问题的方法。尤其在发生冲突和误解时，当事人如果能够把自己放在对方的处境中想一想，也许就可以了解到对方的立场和初衷，进而求同存异、消除误会。

同理心也是一种站在对方立场思考的方式。在已发生的事件上，把自己当成别人，想象自己因为什么心理导致有这种行为，从而触发这个事件。因为自己已经接纳了这种心理，所以也就接纳了别人这种心理，所以才有谅解这行为和事件的发生。这与"己所不欲，勿施于人"同出一辙。

具备同理心的拥有以下个人特质：

（1）将心比心：能够将当事人换成自己，设身处地去感受和体谅他人，并以此作为处理工作中人际关系、解决问题的基础。

（2）感觉敏感：具备较高的体察自我和他人的情绪、感受的能力，能够通过表情、语气和肢体等非言语信息，准确判断和体察他人的情绪与情感状态。

（3）同理心沟通：听到说者想说，说到听者想听。

（4）同理心处事：以对方有兴趣的方式，做对方认为重要的事情。

二、同理心的原则

（1）我怎么对待别人，别人就怎么对待我。

（2）想他人理解我，就要首先理解他人。将心比心，才会被人理解。

（3）别人眼中的自己，才是真正存在的自己。学会以别人的角度看问题，并据此改进自己在别人眼中的形象。

（4）只能修正自己，不能修正别人。想成功地与人相处，让别人尊重自己的想法，唯有先改变自己。

（5）真诚坦白的人，才是值得信任的人。

（6）真情流露的人，才能得到真情回报。

三、同理心的培养方法

同理心的培养可以分为四个主要步骤：

（1）先倾听自己的感觉。同理心的起始是先倾听自己的感觉，假如无法触及自己的感受，那么要想体会别人的感受就太难了，因为这个领域对你来说还是一片空白呢！因此，首先你必须能把自己调整到可以发掘自己的感受，能体会这些感受的状态。

（2）表达出自己的感觉，重要的是选择表达感受的方式。

（3）倾听他人的感觉。一旦你自己的感受与表达方式不再干扰你倾听别人后，你才能开始练习体会他人的感觉；可以帮助你找出别人感受的线索很多。

（4）用体谅来回答他人的感觉。你一听到别人的感觉就会发出某种反应，并能让对方认为你听进去了，且能体会他的感觉。

因此，倾听自己以找出自己的感受、表达它们、体会他人的感觉并与之起共鸣，是同理心发生的四个步骤。

四、同理心的意义与作用

"人同此心，心同此理"强调的就是同理心。无论在日常工作中还是在生活中，凡是有同理心的人，都是善于体察他人意愿、乐于理解和帮助他人的人。这样的人最容易受到大家的欢迎，也最值得大家信任。不管是东方文化还是西方文化，都把同理心作为一种思维方式和道德标准，而没有从个人发展与成功的角度去阐述同理心的重要性。事实上，同理心既是人际交往的基础，也是个人发展与成功的基石。社会学家发现，同理心是人的社会化的一个重要环节，而社会化则是一个人发展与成功的前提。

人与人之间冲突的来源，通常起源于彼此的误解，或是一方态度咄咄逼人，或是一方拉不下脸来，或是情绪过于激动，或是过于固执己见……其实这都是可以避免的，同理心的作用也就在于此。简单来说，同理心就是将心比心。同样的时间、地点、事件，把当事人换成自己，也就是设身处地去感受、体谅他人。人与人的关系没有公式可言，只能以关心为出发点，为双方都留下空间。设想别人所想要、所需求的东西，别人能做的事，以及别人的生活，也就是说，人与人之间只是关心仍是不够的，还需要爱，需要对于别人的处境感同身受。有了同理心，我们将不会处处挑剔对方，抱怨、责怪、嘲笑、讥讽也大大减少，取而代之的是赞赏、鼓励、谅解、扶持。这样一来，人与人的相处便会变得愉快、和谐。

同理心对于个人的发展极为重要，因为一个人一旦具备了同理心，就容易获得他人的信任，而所有的人际关系都是建立在信任的基础上的。注意这里所谈的"信任"不是指对个人能力方面的信任（例如，让别人相信你能把某项工作做好），而是指对人格、态度或价值观方面的信任（例如，让别人相信你的出发点是好的，相信在你面前不必刻意设防或掩盖自己的缺点和错误）。从这个意义上说，没有同理心就没有彼此之间的信任，没有信任也就没有顺利的人际交往，也就不可能在分工协作的现代化社会中取得成功。

有人可能会问："在人际交往中，信任真的那么重要吗？"我们可以回忆一下，在生活中，当你无意中冲撞别人时，如果对方非常信任你，在多数情况下对方会不会一笑了之？如果你们没有建立良好的信任关系，一次小小的冲突就有可能造成很大的麻烦。所以，作家王蒙说："信任是比爱更好的赞美。"

信任关系来源于同理心，要建立信任关系，就要在人际交往中逐步体现出自己的同理心，并以此证明自己是值得信任的。这是一个长期的不断深化的过程——你对别人越真诚，越善于倾听、体谅、尊重或宽容别人，别人也就会越真诚和信任。如此继续下去形成一个良性循环后，人与人的交往就非常顺利了。

所以，同理心不仅是为了理解别人，也是让别人理解自己。同理心并不是要你迎合别人的感情，而是希望你能够理解和尊重别人的感情，希望你在处理问题或做出决定时，充分考虑到别人的感情以及这种感情可能引起的后果。

拥有同理心，亲密关系才得以建立；反之，传送与接收同理心的神经线路会短路。直到某天，当一个人发现世界不断地"亏待"自己，对自己的感觉不闻不问时，他（她）将不再努力与尝试跟其他人建立关系，并让自己同理的情绪关机，可想而知，其后果将是他（她）开始去伤害别人，以生气或暴力作为情绪的出口。不曾接受过同理之人，其脑部也对同理心毫无记忆可言，更遑论让其他人能有同理的经验。

单元活动

1.活动主题

同理心。

2.活动目的

（1）帮助学生了解同理心的概念。

（2）帮助学生初步认识同理心。

（3）让学生了解同理心在人际交往中的重要作用。

3.活动方法

（1）小组讨论。

（2）课堂测验。

（3）团体辅导。

4.活动程序

活动 （40分钟）	步骤	活动资源
导入环节 （5分钟）	1.视频引入：初识同理心。 播放视频《同理心的力量》。 2.学生观看后讨论：什么是同理心？同理心和同情心相同吗？	教学视频
活动形式 （25分钟）	一、同理心的含义 　同理心是站在当事人的角度和位置上，客观地理解当事人的内心感受，且把这种理解传达给当事人的一种沟通交流方式。 二、同理心辨识练习 1.在下列对话中，什么才是具有同理心的反应？ 情境一： 　"期末考快到了，好烦喔，期中考我考得那么差，如果这次又考不好，我可能就要被退学了。" 　（1）不会的，你只要好好用功念书就可以通过考试了。 　（2）你为什么不先去找老师讲一讲，看看有没有什么补救方式？ 　（3）不要烦恼，看开点。 　（4）你很担心期末考，考不好就要退学了。	教师指导，全体学生参与

活动 （40 分钟）	步骤	活动资源
活动形式 （25 分钟）	情境二： 　　"我快受不了了，我都长这么大了，我妈妈什么事都要管我，连我要跟同学出去玩，还要问东问西，老是把我当小孩子看待。" 　　（1）天下的妈妈都是这样子，我也跟你一样啊。 　　（2）你是不是平常就让他们很不放心？ 　　（3）妈妈总为你操心，让你觉得很多事情都不能自己做主。 　　（4）你觉得自己已经长大，妈妈还管你这么多，替你过度操心，真的让你心烦。 　　2.试试你的同理能力。 　　请阅读以下的对话（情境），体会说话者的心境，把你的理解（包括内容与情感）用句子反映给对方，尽可能表达"同理"的了解。 　　（1）五岁的孩子对母亲说："妈妈！我讨厌去上学，我明天不要去学校了！" 　　母亲同理的反应：＿＿＿＿＿＿＿＿＿＿＿＿＿＿＿＿ 　　孩子："我没有看过这么不公平的老师，真是可恶！" 　　母亲同理的反应：＿＿＿＿＿＿＿＿＿＿＿＿＿＿＿＿ 　　（2）下雨天，十岁女儿要出门。 　　爸爸："要记得穿雨衣！才不会感冒。" 　　女儿："我不要穿！" 　　爸爸同理的反应：＿＿＿＿＿＿＿＿＿＿＿＿＿＿＿＿ 　　（3）学生吵架，老师请学生到一旁谈话。 　　学生："是他先拿我的东西，我已经叫他不要摸我的东西了，他是故意的！" 　　老师同理的反应：＿＿＿＿＿＿＿＿＿＿＿＿＿＿＿＿ 　　（4）美术课快下课了，忽然小明抓住小刚并且很用力地打他，老师走近时小明才放手。 　　老师第一句同理的反应：＿＿＿＿＿＿＿＿＿＿＿＿＿ 　　小明眼眶红着："他把我的画搞烂了。" 　　老师同理的反应：＿＿＿＿＿＿＿＿＿＿＿＿＿＿＿＿ 　　（5）上课时，小菲每几分钟就看一次手表，显得不专心。 　　老师同理的反应：＿＿＿＿＿＿＿＿＿＿＿＿＿＿＿＿	教师指导，全体学生参与

活动 （40分钟）	步骤	活动资源
活动形式 （25分钟）	（6）语文教师请假一周后回到班上，问学生上周上课的情况。 　学生："那个代课老师好好玩哦，他会讲故事给我们听，还让我们演戏呢！" 　老师同理的反应：＿＿＿＿＿＿＿＿＿＿＿＿＿＿＿＿＿ 　学生："可是有些同学不太想参加，很怕赶不上进度，这样很扫兴！" 　老师同理的反应：＿＿＿＿＿＿＿＿＿＿＿＿＿＿＿＿＿ 　（7）孩子："妈妈，为什么小孩回家都要写那么多功课，你们大人都不用？" 　老师同理的反应：＿＿＿＿＿＿＿＿＿＿＿＿＿＿＿＿＿ 　（8）学生（哭）："老师，是我先拿到球的，小明他每次都抢我的，还打人。" 　老师同理的反应：＿＿＿＿＿＿＿＿＿＿＿＿＿＿＿＿＿	教师指导，全体学生参与
活动总结 （5分钟）	缺乏同理心是造成人际冲突、误解的重要原因。同理心在人际互动、情感交流、矛盾化解、危机预防等方面具有非常重要的作用，加强练习可以循序渐进地有效提升同理心。	多媒体 教学平台
自我评价 （5分钟）	1. 今天我学到的是：＿＿＿＿＿＿＿＿＿＿＿＿＿＿＿＿ 2. 这次活动给我印象最深的是：＿＿＿＿＿＿＿＿＿＿＿ 3. 这次活动给我的感受是：＿＿＿＿＿＿＿＿＿＿＿＿ 4. 我想对老师说：＿＿＿＿＿＿＿＿＿＿＿＿＿＿＿＿＿	多媒体 教学平台

5. 活动建议

活动	建议
同理心的含义	如果只是展示理论知识会稍显枯燥，教师可以在这一环节增加对学生的提问与互动，活跃课堂气氛，帮助学生更加深刻地理解同理心的含义。
同理心辨识练习	重点引导学生对不同情景的理解，培养学生换位思考的能力。

6. 活动延伸

活动	内容	建议
同理心自测 （附件3-1）	通过做题，检测学生的同理心，这一部分主要是学生自测，根据自己的得分，分析自己的同理心强度。	让学生课下自己填写，并将结果与同学讨论。
同理心等级 （附件3-2）	这部分是课堂知识的延伸，补充了同理心等级。	学生课下自行阅读，补充课堂所学，教师对其中有疑虑的地方进行解析。

7.活动资源

附件3-1 同理心自测

按语：所谓同理心，就是正确理解他人、感受他人情绪的能力，这是一项非常重要的能力。下面这个实验一共18道题，完成测试，看看你的同理心如何吧。

由于翻译问题以及文化差异，有些问题并不容易理解，尽可能按照题意做出自己的判断。

1.一项有关电器治疗效果的实验，实验开始之前，有些人感到不安，而有些人则比较镇定。实验开始前10分钟，你觉得那些坐立不安的人会采取什么行动？

A.希望实验开始之前到隔壁房间等候

B.希望和同样感到不安的人一起等候

C.希望和镇定的人一起等候

D.既不想自己独处，也不想和别人一起等候

2.团体工作时，其中的外来份子对民主化的工作方式和权力主导型的工作方式，哪一个反弹力较大？

A.对权力主导型的反弹力较大

B.对民主化的反弹力较大

3.有选举权的人把注意力放在自己支持的政党的宣传上，还是他党的宣传上？你认为有选举权的人会怎么做？

A.注意所有政党的宣传

B.主要注意他党的宣传

C.特别注意自己支持的政党的宣传

4.第一次碰面就非常讨厌某个人，如果再次碰到他会如何？

A.努力改变彼此关系

B.维持不变

C.更讨厌他

5.社会心理学者进行一项关于速读的测试，召集一群人举办一场为了提升速读效率的演讲，又聚集另一些人开了一场关于如何提高速读效率的讨论会。然后比较结果，看哪一种方法更适合速读。

A.参加演讲的人愿意出席"速读"讲习会，但参加讨论的人少

B.讨论的方式比较好，这群人也愿意参加"速读"讲习会

C.看不出有何差别。不论是演讲或讨论，都有一定的人数参加"速读"讲习会

6.研究团体和大学教授、一般民众、犯罪者谈话并介绍他们，然后将这些完全相同内容

的录音带放给不同人听。让听众产生最大影响的是谁?

A.大学教授

B.一般民众

C.犯罪者

7.团体评价最低的人在打自己擅长的保龄球时,水平慢慢超过评价最高的人。这时候团体中的成员反应如何?

A.评价低的人很高兴自己受到肯定,能够稳固在团体中的地位

B.评价低者的成功受到批判性的排斥。评价低者必须降低保龄球的分数,回到原来的排名,接受嘲弄、讽刺的折磨。

8.要求被试者画出正在沼泽玩耍的年轻人的背景,同时使用催眠术,让被试者感到不安或幸福。在这两种心情影响下,被试者会画出什么样的图片呢?

A.幸福的心情:幸福的画面。不安的心情:他们会不会受伤?

B.心情不会影响作画,能够很客观地描绘

9.买新车的人和长年开同款车型的人大略翻一下杂志。谁会仔细看和自己的车同款型的汽车广告呢?

A.买新车的人中,看自己新买汽车的广告比看其他厂牌的汽车广告多28%;本来就有车的人,看现有汽车广告比看其他厂牌的汽车广告只多4%

B.本来就有车的人,看现有汽车广告比看其他厂牌的汽车广告多28%;买新车的人中,看自己新买汽车的广告比看其他厂牌的汽车广告多4%。

C.二者是一样的,看其他厂牌的汽车广告都比看自己拥有的汽车广告多11%

10.心理学家以“为什么青少年不能开车”为题,对青少年展开十分钟的演讲。但在演讲前先将青少年分成两组,一组知道题目,另一组不知道。哪一组会受演讲内容的影响?

A.知道内容的那组

B.什么都不知道的那组

C.两组都受到强烈的影响

11.让人看一群人的脸部画像。有几张让他们看过20次以上,其他的只让他们看2次。哪一边会获得善意的评价?

A.观看次数少的那一边

B.观看次数多的那一边

C.没有差别

12.对儿童进行下列实验:先在房间里布置几个好玩的玩具,再把儿童分两组,一组让他们直接进去玩耍,另一组先站在可以看到房内布置的窗口,一会儿再进去。哪一组容易把

玩具弄坏?

A.两组都一样

B.先进房间的儿童破坏力较强

C.在外等候的儿童破坏力较强

13.让愤怒的和心平气和的被试者看拳击比赛的电影和没有攻击镜头的温馨电影。看完之后,谁的反应更激烈?

A.看拳击电影的愤怒者

B.看温馨电影的愤怒者

C.看拳击电影的平静者

D.看温馨电影的平静者

14.请被试者尝尝某种液体是否有苦味。社会科学工作者已将带有苦味的物质用水稀释,有70%的人说苦,30%的人说没有味道。然后把尝不出味道的9个人,与感觉很苦的1个人聚在一起,请尝出苦味的人说说那种苦的味道。结果,这10个人的感觉会有什么变化?

A.感觉有苦味的人,毫不动摇地肯定,影响了其他人。第二次试饮时,那9个人也觉得苦

B.9个人不受影响

C.感觉有苦味的人受其他9个人的影响,第二次试饮时也不觉得苦了

15.处于不安状态和没有处于不安状态的人,谁会对陌生人感到强烈的不安?

A.两者没有差别

B.处于不安状态的人

C.未处于不安状态的人

16.对看《007》电影和歌舞剧的观众,作攻击性倾向的调查。两者谁会表现出较强的攻击性?

A.没看《007》电影之前的观众

B.看完《007》电影的观众

C.没看歌舞剧之前的观众

D.看完歌舞剧的观众

E.无法确认他们的差别

17.要求初中生、高中生、大学生、社会人士(均受同等教育)判断几项陈述是否正确。4周后,再要求他们对相同的陈述做判断,但这次却先告诉他们"你们的判断和大多数人不同"。这个补充说明会带来什么影响?

A.64%的初、高中生,55%的大学生,40%的社会人士更改他们的意见

B.64%的社会人士，55%的大学生，40%的初、高中生更改他们的意见

C.每组中都只有少部分人更改他们的意见

18.在讨论会中，谁较容易受团体意见的影响？

A.沉默者

B.发言者

C.无差别

参考答案：

1～5 BACBB；2～10 ABAAB；11～15 BCBAB；16～18 BAB

每题1分，在下面的表格里找出自己的年龄，然后看对应的得分，你就可以知道自己的同理心如何。

同理心强度	年龄			
	14～16岁	17～21岁	22～30岁	31岁以上
非常强	11～18分	14～18分	17～18分	15～18分
很强	10分	12～13分	15～16分	13～14分
尚可	8～9分	10～11分	11～14分	9～12分
稍低	6～7分	6～9分	9～10分	7～8分
很弱	0～5分	0～5分	0～8分	0～6分

评析：

同理心非常强的人，社会共鸣能力十分出色。能站在他人的立场想象当时的情况、当事人的反应。

同理心很强的人，社会共鸣能力比较发达，对社会状况的判断正确，亦能察觉别人再采取行动。

同理心尚可的人，社会共鸣能力处于平均水平。

同理心稍低的人，不常为他人设身处地地着想，很难正确预见他人的行动。

同理心很弱的人，很少正确判断社会状况，不会站在他人立场思考，也无法预知别人的行动。因此有必要改善共鸣能力，这将有助于改善人际关系。

社会共鸣力与一个人是否聪明无关，它只反映了一个人的情商能力。自私的人缺少共鸣能力，他不愿费心考虑他人的立场，也不想了解和自己不同的看法与情绪，常以攻击性的语言轻视别人的想法。

附件3-2 同理心等级

A-1：很少从他人的角度思考问题，做事情很少考虑到他人的感受；沟通时讲客套话，

无法引起对方的共鸣，对方也不愿意将自己的真实想法说出来；不愿意倾听；安排事务几乎不考虑下属的需要。

A-0：能够从别人的角度思考问题，做事情会考虑到他人的感受；与人沟通比较真诚，愿意将自己的一部分想法表露出来；能让人觉得被理解被包容；学会倾听，工作中尽量考虑对方的需要。

A+1：能够站在对方的角度考虑问题，想对方之所想，急对方之所急；能够使人不知不觉地将内心的想法、感受说出来；能够让人觉得被理解、被包容；能够用心倾听；在安排事务时，尽量照顾到对方的需要，并愿意做出调整。

A+2：将心比心，设身处地地去感受和体谅别人，并以此作为工作依据；有优秀的洞察力与心理分析能力，能从别人的表情、语气判断他人的情绪；投其所好，真诚，说到听者想听，听到说者想说；以对方适应的形式沟通。

单元二　交往有艺术——学会倾听与表达

学习目标

1. 让学生体验生活中与人交往时倾听与表达的必要性。
2. 提高学生的交往艺术，帮助学生在以后的生活和学习中做一个善于倾听和表达的人。

知识储备

交往有艺术，倾听与表达就是其中最重要的一个方面。

一、倾听的言语技巧

应和：用简单的"嗯""是""是吗"等应对语，鼓励对方说下去。

解释：用自己的话来解释对方所讲的意思，表示自己不仅在听，而且还明白对方所讲的话。

总结：对对方所说的内容、事实等进行概括总结。

二、倾听的非言语技巧（SOLER）

S——摆好姿势（Square off）：面对诉说者保持适当的距离。

O——开放的姿势（Open gesture）：两脚自然分开，双手自然放在双膝上。

L——前倾（Leaning）：身体微微前倾。

E——目光接触（Eye contact）：谈话时注视对方的眼睛。

R——放松（Relax）：全身放松，不要紧张。

三、表达技巧小贴士

（1）要大胆，要敢于表达自己。

（2）说话声音要洪亮，吐词要清楚，表情要充满自信。

（3）表达要尽量简单明了，不要啰唆。

（4）说话时眼睛要看着对方，要用眼神与对方进行交流。

（5）表达要有条理，如果要表达的意思不止一个，可用"第一、第二"等将层次分开。

（6）说话时，态度要客观，不要武断。

（7）对于他人的反对意见要给以宽容，不要针锋相对。

单元活动

1.活动主题

学会倾听与表达。

2.活动目的

（1）体验倾听和表达在人际交往中的重要性。

（2）知道人际交往中常用的倾听和表达技巧。

（3）初步学会如何在人际交往中进行积极倾听和恰当表达。

3.活动方法

（1）活动体验。

（2）角色扮演。

（3）情景小剧场。

（4）交流分享。

4. 活动程序

活动 （40 分钟）	步骤	活动资源
导入环节 （5 分钟）	教师在正式开始之前，我们先活动活动我们的手脚，活跃活跃我们的思维。我们来做一个反向训练，待会儿老师会给出一系列指令，但是在座的各位同学要用完全相反的方式来完成，比如，我说举左手，你们就要举右手。明白了吗？我们来看看哪一个同学反应快。相关指令：举右手、坐下、向左转、向右转、用你的右手摸你的左耳朵、起立、大哭、千万不要热烈鼓掌。那我们就在热烈的掌声中进入今天的课程。	教师指导，全体学生参与
活动形式 （25 分钟）	一、最佳配图 教师：首先我们来进行一项体验活动，活动规则如下： （1）请根据自己的理解，2 分钟内独立完成 10 个图案的最佳配对。 （2）活动过程中不讨论，独立完成。 （3）全班交流"最佳配图"，说出各自的理由。 学生：……（3 ~ 5 个学生交流） 教师：听了刚才几位同学的发言，大家觉得谁的答案是最佳的呢？（没有最佳，都有道理） 小结：有的同学一开始可能以为自己的配对是最佳的，听了其他同学的发言后，发现其实别人的想法也挺有道理。每个人从不同的角度解释他们配对的理由，都很精彩，所以不妨多听听别人的意见。学会倾听，才能更好地理解和接纳他人。 与此同时，我们也需要以恰当的方式表达自己的看法和感受，让别人了解自己，从而更乐意与我们交往。 交往有艺术，学会倾听与表达，才能有效地与人沟通。在生活中你是一个很好的倾听者吗？你会很好地表达自己的意见和想法吗？下面让我们一起走进今天的沟通训练营：学会倾听与表达。 二、沟通训练营：学会倾听与表达 1. 角色扮演：你说我听。 活动规则： （1）小组内同学两人一组：一人扮演表达者，一人扮演倾听者。 （2）交流的内容：谈谈你最近的开心事或烦恼事。 教师：请倾听者按信封内纸条上的提示扮演。 （信封内纸条提示内容为：通过语言、表情、身体姿势、眼神等方式展现非积极倾听行为。） 学生：全班分享活动感受。	教师指导，全体学生参与

活动 （40 分钟）	步骤	活动资源
活动形式 （25 分钟）	教师：大家想想，刚才倾听者们演示的这些非积极倾听行为在我们的日常生活中、在我们自己身上存在吗？很显然，这些非积极的倾听行为会影响人与人之间的亲密关系，更会影响交流沟通的效果，需要我们及时觉察。 　　那么积极的倾听应该是怎样的呢？ 　　教师：下面我们继续进行"你说我听"。请刚才的倾听者和表达者交换角色。这一次我们要求倾听者展现积极的倾听。 　　学生：小组交流分享：交流积极倾听的种种表现。 　　（分小组将观点写在活动用纸上） 　　学生：全班分享小组观点，并展示在黑板上。 　　教师：适时板书，提炼学生的交流要点。 　　教师：积极倾听是成功交往的重要技巧。那是不是只要学会了倾听，就能很好地与人交往呢？我们一起来看看这个请客的故事吧！ 　　多媒体展示：有个年过半百的富翁老年得子，孩子周岁时大摆宴席庆祝。酒过三巡，孩子开始抓周，众宾朋上前道好。张秀才说："令郎定会大富大贵。"富翁大喜。王秀才说："令郎定会金榜题名。"富翁又喜。李秀才见状，摇头晃脑地说："令郎将来定会一命呜呼。"满座愕然。富翁大怒，令众家丁痛打李秀才。 　　教师：同学们，富翁为什么要打李秀才呢？是因为李秀才说错了话。看来表达也是需要技巧的。 　　小组交流分享：恰当表达的技巧有哪些？ 　　（分小组将观点写在活动用纸上） 　　学生：全班分享小组观点并展示在黑板上。 　　教师：适时板书，提炼学生的交流要点。 　　教师：我们分享了表达的技巧，下面我们一起来体验吧。 　　2．情景小剧场：我该怎么说。 　　活动要求： 　　（1）每个小组从以上三种情景中选择一种情景，讨论分享该情景的恰当表达方式。 　　（2）小组选出代表进行表演。（讨论、准备时间 3 分钟） 　　教师：适时点评学生的表演。	教师指导，全体学生参与
活动总结 （5 分钟）	通过最佳配图，我们体验到了生活中与人交往时倾听与表达的必要性。在沟通训练营中，我们一起体验分享了倾听与表达的基本技巧。希望这些活动对提高同学们的交往艺术有所帮助，在以后的生活和学习中做一个善于倾听和表达的人。	多媒体 教学平台

活动（40分钟）	步骤	活动资源
自我评价（5分钟）	1. 今天我学到的是：＿＿＿＿＿＿＿＿＿＿＿＿＿ 2. 这次活动给我印象最深的是：＿＿＿＿＿＿＿＿＿＿ 3. 这次活动给我的感受是：＿＿＿＿＿＿＿＿＿＿＿＿ 4. 我想对老师说：＿＿＿＿＿＿＿＿＿＿＿＿＿＿＿	多媒体教学平台

5. 活动建议

活动	建议
最佳配图	本环节是一种以体验式学习为主的教育活动，"活动"和"体验"是它最核心的两个要素。对于个体心理来说，再精彩生动的讲授都无法替代个人的亲身感悟和直接体验，哪怕只是一点小小的启发，也能留下深刻的记忆。
沟通训练营：学会倾听与表达	1. 本环节活动中要求学生参与体验、分享、生成的环节较多，因此教师要注意把握好时间，灵活调控活动进程。 　　2. 为了让更多的学生参与分享与体验，建议活动前分好小组，每个小组成员围坐在一起，灵活采取小组内交流分享和全班共享的形式。 　　3. 在角色扮演和情景演示的环节，要注意营造良好的课堂氛围。

6. 活动延伸

活动	内容	建议
倾听能力测试（附件3-3）	目的：测试学生的倾听能力，判断学生是否是一个合格的倾听者。 　　通过答测试题的形式进行检测，学生自行作答。	可鼓励同学之间相互交流，对于不愿意交流的学生也要充分尊重，并给予引导。
关于倾听与表达的相关知识（知识储备）	倾听的语言技巧与非语言技巧，以及表达的小技巧。	鼓励学生在学习相关知识之后，主动将其运用在实际交际过程中。
关于倾听的小故事（附件3-4）	一些成功人士因为擅长倾听从而实现成就的故事，有助于学生认识到倾听的重要性。	从观念上帮助学生树立倾听意识。

7. 活动资源

附件 3-3　倾听能力测试

　　请回答以下15个题目，对每个问题回答是或否，请根据你在最近的沟通中的表现真实填写。

（　　）1. 我常常试图同时听几个人的交谈。

（　　）2. 我喜欢别人只给我提供事实，让我自己作出解释。

（　　）3. 我有时假装自己在认真听别人说话。

（　　）4. 我认为自己是非语言沟通方面的高手。

（　　）5. 我常常在别人说话之前就知道他要说什么。

（　　）6. 如果我不感兴趣和某人交谈，我常常通过注意力不集中的方式结束谈话。

（　　）7. 我常常用点头、皱眉等方式让说话人了解我对他说话内容的感觉。

（　　）8. 常常别人刚说完，我就紧接着谈自己的看法。

（　　）9. 别人说话的同时，我也在评价他的内容。

（　　）10. 别人说话的同时，我常常在思考接下来我要说的内容。

（　　）11. 说话人的谈话风格常常会影响到我对内容的倾听。

（　　）12. 为了弄清对方所说的内容，我常常采取提问的方法，而不是进行猜测。

（　　）13. 为了理解对方的观点，我总会下功夫。

（　　）14. 我常常听到自己希望听到的内容，而不是别人表达的内容。

（　　）15. 当我和别人意见不一致时，大多数人认为我理解了他们的观点和想法。

参考答案：以下所示 15 个问题的正确答案，是根据倾听理论得来的。

1.否　2.否　3.否　4.是　5.否　6.否　7.否　8.否　9.否　10.否　11.否　12.是　13.是　14.否　15.是

评析：为了确定你的得分，把错误答案的个数加起来，乘以 7，再用 105 减去它，就是你的最后得分。如果你的得分为 91～105，那么恭喜你，你有良好的倾听习惯；得分为 77～90，表明你还有很大程度可以提高；要是你的得分还不到 76 分，很不幸，你是一位不太好的倾听者，在此技巧上就要多下功夫了。

附件 3-4　关于倾听的小故事

（1）蒲松龄草亭路问。清代文学家蒲松龄在路边搭建茅草凉亭，记录过路行人所讲的故事，经过几十年如一日的辛勤搜集，加上自己废寝忘食的创作，终于完成了中国古代文学史上划时代的辉煌巨著《聊斋志异》。

（2）司马光警枕励志。司马光是个贪玩贪睡的孩子，为此他没少受先生的责罚和同伴的嘲笑，在先生的谆谆教诲下，他决心改掉贪睡的坏毛病，为了早早起床，他睡觉前喝了满满一肚子水，结果早上没有被憋醒，却尿了床。

于是聪明的司马光用圆木做了一个警枕，早上一翻身，头滑落在床板上，自然惊醒。

从此他天天早早地起床读书，坚持不懈，终于成为一个学识渊博，写出了《资治通鉴》的大文豪。

（3）朱元璋一介草民，为什么最终能够登上皇帝的宝座？单凭他的才能行吗？答案肯定是否定的。朱元璋府中那么多的幕僚，可以说，在他的成功路上起着不可磨灭的作用。从鄱阳湖打败陈友谅，到平江消灭张士诚，再到大军北伐统一江山，朱元璋在做出大的决定之前，都把他的幕僚招到身边，仔细聆听他们的看法，并向他们征求意见。

而这一点，在朱元璋登基当了皇帝后表现得更为明显！他从当上皇帝的第一天起，每天都有一个固定的时间，在后花园邀请一些名人儒士，听他们讲解儒家学说，听他们谈论治国之道，听他们献言献策，每次朱元璋都认真地聆听。这种善于倾听、善于纳谏的日常行为，为朱元璋早日稳定江山、实现国家富强的政策制定提供了最真实的来源。

单元三　同理心应用——换位思考

学习目标

1. 帮助学生感悟到倾听是人际交往的秘诀。

2. 培养学生善于倾听的行为技巧，使其养成真诚、专注、理解、尊重、包容等良好的倾听习惯，增强人际交往的能力，并将所学有意识地运用于日常生活中。

3. 引导学生在倾听时，学会站在对方角度上进行换位思考。

知识储备

所谓换位思考，是让我们站在中立的角度，跳出自己的思想站在自己的对立面看自己。

换位思考的实质，就是设身处地为他人着想，即想人所想，理解至上。人与人之间少不了谅解，谅解是理解的一个方面，也是一种宽容。我们都有被"冒犯""误解"的时候，如果对此耿耿于怀，心中就会有解不开的"疙瘩"；如果我们能深入体察对方的内心世界，或许能达成谅解。一般来说，只要不涉及原则性问题，都是可以谅解的。谅解是一种爱护，一种体贴，一种宽容，一种理解。

换位思考是人对人的一种心理体验过程。将心比心，设身处地，是达成理解不可缺少的心理机制。它客观上要求我们将自己的内心世界，如情感体验、思维方式等与对方联系起来，站在对方的立场上体验和思考问题，从而与对方在情感上得到沟通，为增进理解奠定基础。它既是一种理解，也是一种关爱。

换位思考到底是什么呢？其实就是"移情"，去"理解"别人的想法、感受，从对方的立场来看事情，以对方的心境来思考问题。换位思考不但需要转换思维方式，还需要一点好奇心来探求他人的内心世界。

真正的换位思考必然是一个"移情"的过程，要从内心深处站到他人的立场上去，要像感受自己一样去感受他人。但不幸的是，许多人的换位思考缺少了"移情"这一个根本要素，他们或是站在自己的位置上去"猜想"别人的想法及感受，或是站在"一般人"的立场上去想别人"应该"有什么样的想法和感受，或是想当然地假设一种别人所谓的感受。这样的换位思考，其实仍然局限于自己设定的小圈之中，绝对无法体验他人真正的感受和思想。

单元活动

1.活动主题

换位思考。

2.活动目的

（1）学生学会倾听，增强人际交往能力。
（2）学生学会换位思考，并运用到实际生活中。

3.活动方法

（1）活动体验。
（2）角色扮演。
（3）情景小剧场。

4.活动程序

活动 （40分钟）	步骤	活动资源
导入环节 （5分钟）	教师自我介绍：我叫××，我以前上初中的时候很害羞，在不熟悉的人面前很容易脸红，比如今天这样的场合。但是我也想融入班里的朋友圈，为了能和大家有共同话题，我仔细浏览了所有现在流行的电视剧，背诵了当红明星的资料。可是我发现，当我一次次侃侃而谈这些流行元素时，身边的朋友越来越少。其中的原因你们知道吗？嘘！先不要说，我们来做个游戏考察大家的听力。	附件3-5

活动 （40分钟）	步骤	活动资源
活动形式 （25分钟）	一、游戏：抓逃手指 　　1.学生将右手掌心向下，左手食指垂直向上，右手盖住右边同学的食指，左手顶住左边同学的手掌心。 　　2.教师接下来讲述一段故事，当听到"大小"的"小"字，学生迅速用右手抓握右边同学的食指，同时将自己顶在左边同学掌心下的食指逃脱。 　　3.所有学生熟悉规则做好准备，把注意力集中到耳朵上。 　　4.倾听素材：一位母亲问她五岁的儿子："如果妈妈和你一起出去玩，我们渴了，又没带水，而你的小书包里恰巧有两个苹果，你会怎么做呢？"儿子歪着脑袋想了一会儿，说："我会把两个苹果都咬一小口。"可想而知，那位母亲有多么的失望。她本想像别的父母一样，对孩子训斥一番，然后再教孩子怎样做，可就在话即将说出口那一刻，她忽然改变了主意。母亲摸摸儿子的小脸，温柔地问："能告诉妈妈，你为什么要这样做吗？"儿子眨眨眼睛，一脸的童真："因为……因为我想把最甜的一个给妈妈！"霎时，母亲的眼里充满了泪花…… 　　教师：有没有同学一次都没有被抓住过？或者每次都能抓住别人？请举手。 　　教师：你是怎么做到的？ 　　学生：看嘴形，听声音，时刻准备着。 　　教师：反应既快又准确的一个很重要的前提就是认真倾听。 　　教师：故事中有个情节，当妈妈说口渴，没水，只有两个苹果时，儿子说："我会把两个苹果都咬一小口。"母亲为什么很失望？ 　　学生：她觉得孩子很自私。 　　教师：这个小朋友真是这样自私地想的吗？ 　　学生：不是。 　　教师：小朋友说"我想把最甜的一个给妈妈"，如果我们不耐心听完小朋友的话，我们是不是就误解了这么善良、孝顺的他？对他产生了误会？在与人交往的时候，我们总以为会说的人才能受欢迎，其实听也很重要。下面我们将一起学习倾听。 　　二、游戏：交流面对面 　　1.介绍游戏规则。 　　教师：同桌两人一组，一个是A一个是B，贴好角色标签。A花两分钟的时间讲一讲你最喜欢的明星。B可以东张西望、随意打断、心不在焉、打哈欠、转笔什么的，总之，表现出不认真听A讲话。两分钟后，请A来分享感受。	教师指导，全体 学生参与

活动 （40分钟）	步骤	活动资源
活动形式 （25分钟）	2.转变态度，使用技巧，再做游戏。 教师：同学们刚才表现都很到位，所以体验很深刻。我们再将刚才的游戏做一遍，A来说，B来验证一下A刚才提到的倾听技巧。 （1）A和B面对面坐端正，B的身体可以微微前倾。 （2）A和B目光温暖交流一次，B将目光集中在A身上。 （3）B注意适当的时候回应，使用肢体语言，点头微笑。 一分钟后，请A分享这次的感受。 3.总结。 通过刚才的活动，我们都有所感悟：当我们讲话时，如果对方做出不认真听的言谈举止，我们会感到不舒服，感到对方不尊重我们，甚至会不愿意再说下去；相反，如果对方听得很专注，我们会很高兴，思维会更加敏捷，表达会更流畅，更愿意跟对方讲话。 三、游戏：给同学点赞 1.请学生将自己或其他同学平时所表现出的良好倾听行为写在纸条上，贴到每个小组的图板上。 教师：请同学们回顾一下，在日常生活中，自己或其他同学曾表现出的良好倾听行为，写在便利贴上。 格式：同学姓名＋良好倾听行为＋你的感受。 2.小组内分享。 请6～8位学生在全班分享。每位同学分享完，请同学一起鼓掌四下，表达"向你学习"的意思。 便利贴贴在小组的图板上。 教师：所有被提名的同学，你们在生活中倾听的表现都很好。我给你们点赞！想成为合格的倾听者，倾听礼仪很重要，适当的肢体语言，不随意打断对方，适时提问等；尊重用心不可少，要认真地、专注地、耐心地听。做到这些，你就已经是一个合格的倾听者了。不过，距离优秀的倾听者，还差一厘米的距离。 四、用心倾听真谛：换位思考 1.倾听时要用心体会对方的需要。 距离在哪？先考一考你们。播放一段孩子的哭声（10秒），请学生听后回答以下问题：	教师指导，全体学生参与

活动 （40分钟）	步骤	活动资源
活动形式 （25分钟）	教师：听到了什么？ 学生：婴儿哭声。 教师：这个婴儿怎么了？是渴了？饿了？还是不舒服了？ 学生：不知道。 教师：大家开始猜，并不能准确知道。 教师：一般情况下，谁能从哭声中判断出婴儿的需要？ 学生：婴儿的妈妈。 教师：在大家都认真倾听的情况下，为什么我们没有听出婴儿的需求而婴儿的妈妈能听出来？ 学生回答。 教师总结：因为她爱孩子，了解孩子的需要。总是站在孩子的角度想，他/她怎么了？他/她需要我做什么？妈妈更用心，她能换位思考。 教师：当孩子的妈妈及时满足了孩子的需要，孩子是不是更愿意跟妈妈交流？即使他/她使用的是哭声。 学生：是。 教师总结：换位思考，用心倾听，能促进彼此深入交流。 2.欣赏"听"的繁体字 　一起看"听"的繁体字"聽"，耳到眼到心到。倾听不仅仅是用耳朵接收声音，还要观察对方的表现，更要用心体会对方的情感和需要。 3.小测试：你能否站在对方角度，听出对方的情感和需求？（播放录音） 　（1）连上两节数学课，头都大了。（抱怨，希望你理解他的辛苦） 　（2）我们一起去操场，好不好？（愉快的邀请） 　（3）周末，你都干啥啦？（关心的询问） 　（4）我的字写得怎么样，有进步吗？（期待你的点评） 　（5）你是今天的值日生吗？黑板擦得真干净。（表扬） 　（6）你说，我是竞选班长还是学习委员啊？（期待建议） 　（7）教师说，这次考试把题出难点儿，我好担心自己考不好，怎么办啊？（吐槽，担忧） 　3.学习换位思考，用心倾听。 　请以题目（7）这句话为开头，同桌两人进行交流。注意运用倾听的技巧。2分钟的商讨时间。 　小组表演。教师根据情况点评。	教师指导，全体 学生参与

活动 （40分钟）	步骤	活动资源
活动总结 （5分钟）	出示板书。 教师：与人交往时，用心倾听是最好的沟通。老师初中时为什么对流行电视剧和明星能侃侃而谈却没有交到更多朋友？ 学生：说得太多／没有倾听／不会倾听。 教师：你们可以从倾听礼仪、倾听态度和是否换位思考三个方面来推理。 教师：与人交往时，多倾听。倾听时，倾听礼仪很重要，尊重用心不可少，换位思考会更好。	附件3-5
自我评价 （5分钟）	1. 今天我学到的是：_____ 2. 这次活动给我印象最深的是：_____ 3. 这次活动给我的感受是：_____ 4. 我想对老师说：_____	多媒体 教学平台

5. 活动建议

活动	建议
游戏：抓逃手指	以"抓逃手指"这一活动导入，一方面营造一种轻松、热烈的氛围，集中学生注意力，调动起学生积极参与课堂活动的情绪，增进学生之间、师生之间的信任感和凝聚力，另一方面也是为了阐明倾听的意义，引出活动主题。
游戏：交流面对面	让学生在活动中直接体验到不同的倾听态度和倾听行为带给别人的不同感受，感悟倾听在人际交往中的意义。
游戏：给同学点赞	学生当众宣读纸条的内容，教师肯定这些学生的行为，激励学生在今后的生活中自觉应用倾听技巧。对于学生新提出的倾听技巧，教师总结提炼并板书，让学生更加清晰倾听时需注意的行为技巧、态度。
用心倾听真谛：换位思考	使学生感悟换位思考、用心倾听能促进彼此深入交流。引导学生在倾听时，学习站在对方角度上进行换位思考。

6. 活动延伸

活动	内容	建议
换位思考小游戏 （附件3-6）	学生通过热闹的游戏，潜移默化地感悟出如何与人相处的真谛。	教师指导，学生根据游戏要求自主展开活动，教师全程参与，并适时指导。

续表

活动	内容	建议
换位思考情景剧（附件3-7）	以情景剧的形式，让学生角色扮演剧中的人物，设身处地地感悟换位思考的重要性。	教师负责分配情景剧角色，学生按照剧本演出，体会人物的心理变化，教师适时引导学生。
换位思考相关故事分享（附件3-8）	通过阅读三个换位思考的小故事，让学生体会换位思考的重要性。	学生自行阅读。

7.活动资源

附件3-5　板书设计

换位思考　用心倾听

倾听礼仪	很重要	
身体前倾	尊重	
目光交流	专注	
适时回应	真诚	尊重用心不可少
肢体语言（微笑，点头）	理解	
不乱插嘴	包容	
换位思考会更好	换位思考	

附件3-6　换位思考小游戏

游戏1："人"字形

请所有学生用自己的手搭出一个"人"字举起来给教师看，一般学生都会按照自己的观察角度去摆，那么自己看到的是"人"，教师看到的是"入"，有些学生可能就会考虑到从教师看到的角度去摆字形。

游戏2：快乐大转盘（类似红黑游戏）

所有学生被分为两组，起初学生并不知道游戏要告诉他们什么，他们只知道游戏规则：当两人见面时，每人都同时向对方打出一个代表自己希望与对方以何种见面礼节相见的手势。出1根指头，代表自己想与对方的见面方式是"点头"；出2根指头，代表自己想与对方的见面方式是"握手"；出3根指头，代表自己想与对方的见面方式是"握手的同时，自然地拍拍肩膀"；出4根手指头，代表自己想与对方的见面方式是"拥抱"。若双方所出的手势不一致，以小的手势为准。即一方出"3"、另一方出"2"时，则双方完成"2"的见面礼。

游戏的规则看似十分简单，但十分有趣。随着游戏的进行，热闹的表面下，学生的心理会发生十分微妙的变化。起初彼此因为不知道对方会出几，为了不让自己太尴尬，多数都试探性地出个"1"互相点点头。随着不断变换新的对象，慢慢地，有人开始出"2"或"3"，偶尔也会有人斗胆出个"4"。

学生在"大转盘"一轮一轮的转动中，内心也在不断地"挣扎"琢磨着每一次对方会出几，自己到底该出几。反正，每次游戏的结局几乎是同样的：自然而然地大家最后都会互相出到"4"，即全体互相拥抱。游戏在极其热烈的气氛中结束。

与陌生人互相拥抱，对于没有这种传统礼节，同时又有着含蓄、内敛、不愿打开心门的大多数学生来讲，是一件需要一点勇气才能做到的事。

尽管有相当一部分学生在出"4"及完成"4"号见面礼节时的确有些不好意思，但其实在整个游戏过程中，尤其是在游戏结束时的表现可看出，每一个学生的潜意识里最真实的感觉都是渴望彼此能以"4"相见，只不过绝大部分情况下学生们更希望的是对方先出"4"。

有一条"人际准则"是人们司空见惯的：

别人怎样对待我，我也怎样对待别人；

如果你对我热情，我也热情待你；

如果你敬我一尺，我也敬你一尺；

如果你对我不仁，那么就别怪我不义；

如果你对我出"4"，那我也对你出"4"。

游戏3：猜真假

根据组织行为学知觉特点的相关知识，可以玩这样一个游戏，大家是第一次见面也好，不是第一次见面也好，都可以进行。每个人说自己的5个情况，其中3个真的2个假的，让其他人去猜哪些是真的哪些是假的，并且说明理由，这样可以使大家把自己当作当事人思考，让大家更加能够互相了解，增进友谊。

附件3-7 换位思考情景剧

剧情介绍：本剧讲述了两个高中生在学习过程中，与同学交往、与父母沟通方面遇到了一些难题，感到很苦恼，不理解。班长带领他们去咨询心理老师，在心理老师的帮助下，顺利地解决了问题。后来，这两个学生重新扬起了自信的风帆，更加积极地去面对新的生活、新的明天。

模块三 同理心

人物简介：

姓名	职务
阿森（森）	班长
微微（微）	学生
雯雯（雯）	学生
莉莉（莉）	学生
邓老师（邓）	班主任
安老师（安）	心理老师

剧情：

第一章

地点：教室

微：气死了，气死了！（一跺脚，气冲冲地大步走进教室）

雯：啧，我的大小姐哟，这是哪个不要命的惹到我的好闺蜜了啦？（开玩笑……）

微：别提了，昨天刚一回家，就被老爸老妈围堵，先是给我上了一堂政治课，然后又开始问我成绩。一个唱红脸，一个唱白脸，一顿狂轰滥炸。（怒火中烧！）

雯：唉……比我好多了，昨天由于下雨没带雨伞，所以同学小王就顺便送我回去，回到家我就表示感谢留他喝杯热水，正好我妈下班，看到我俩，先对小王一番询问，不知讲了些什么东西……弄得我好尴尬，这不，现在我俩见面尴尬极了！（无奈）

微：就是啊！我爸妈也那样，神经特过敏。那天，有个男同学给我打电话，我爸妈就一直追着我问东问西，疑神疑鬼的弄得我烦死了。

森：嗨！讨论啥国家大事呢！我听听。（突然从后面冒出）

雯、微：唉，吓死我了！

森：咦？咋了？唉声叹气的，弄得人家也不高兴了。

微：家庭问题。

森：这个嘛，早说嘛（拍拍胸口），找我就对了嘛！

雯、微：你懂？（惊喜叫道）快说！

森：嘿嘿，我是说我帮你们找人来解决啦！

雯、微：切！

雯：那你说找谁？

森：当然是我们班最有学问的莉莉啦！

微、雯：嗯！Let's go！

（莉莉正在看书）

雯、微：莉莉，莉莉——

莉莉：嗯？怎么了？

森：我们……（铃——上课铃响了）

森：好吧，先上课吧。（大家都回到了各自位置上）

邓：同学们，早上好！

同学们：不好！

邓：大家怎么了？有什么事吗？不开心吗？实在不行可以去找安老师聊聊啊？

森：对啊，我们可以找安老师啊。（轻声说道）

邓：下面开始上课！

（下课铃响了……）

第二章

地点：心理咨询室

（森、雯、微三人来到心理咨询室门前）

（咚咚咚）

雯：老师好，我们几个有点事想向您请教。（敲门，进入）

安：请坐。

微：老师，是这样的，我妈总给我上政治课，还经常偷看我的日记。

安：这个问题主要是父母想多了解你，而你有没有及时与他们沟通，那么他们自然要通过看日记这样不好的方法了解你的近况和所感所想，也是想多了解你呀！你得和他们沟通，让父母对你放心，他们自然不会看你日记了，你说呢？

微：嗯！老师，您说得对！我是该和他们谈谈了。

雯：老师，我妈也不知怎么了，上高中以来，我妈特别注意我的交往对象，经常问男的女的，只要我一和哪个男生有来往，她就疑神疑鬼的，东想西想，你说该怎么办？

安：看来你妈担心蛮多的，她主要怕你因早恋而耽误学习，怕你提前偷尝禁果，不希望你有二心，只希望你全身心投入学习中去，好好学习。你可以跟你妈妈讲清你的观点和想法，让妈妈更了解你，才对你放心，希望你可以处理好。

雯：对，可不是嘛，我妈妈就是这么想的，多谢安老师指导，我明白了。

安：看来你们心理问题不少啊，明白就好，那就彼此换位思考一下，多体谅一下父母，多谈谈心。

森：嗯！谢谢老师的教导，下次再见。

雯、微：谢谢老师，再见！（走出咨询室）

微：真棒，老师讲得太好了，我也算受益匪浅啊，其实遇到问题换位思考一下就都不是问题啦。

雯：可不是嘛，我终于明白妈妈其实是太关心我了，而我却……（自责、惭愧）

森：让我们一起迎接明天，开始加油吧！加油！

雯、微：对，加油吧！我们一起努力！

附件 3-8　换位思考相关故事分享

案例 1：

一头小猪、一只绵羊和一头奶牛，被关在同一个畜栏里。

有一次，牧人捉住小猪，它大声嚎叫，猛烈地抗拒。绵羊和奶牛讨厌它的嚎叫，便抗议道："烦死了！他也常常捉我们，可我们并不大呼小叫。"小猪听了回答道："捉你们和捉我完全是两回事。他捉你们，只是要你们的毛和乳汁，但是捉住我，却是要我的命啊！"

启示：我们经常遇到沟通不畅的问题，这往往是因为所处不同的立场、环境造成的。因此，为了达成良好的沟通，培养同理心，学会站在对方的立场思考，真正了解对方的感受是至关重要的。

案例 2：

一个表现一贯积极的中学生上课时突然变得沉默了，不愿意甚至排斥回答问题。

教师："某某，怎么今天上课老师没听到你发言呢，身体不舒服吗？"

学生："没有，就是不想说话。"

教师："你提不起精神，老师也觉得没力气一样，我们班可不能没有你哦。"

学生："老师，我和你说，你可不能告诉我妈哦。"

教师："什么事这么神秘啊，犯错误了吗？"

学生："没有，这次数学考试没考好，现在学什么都没劲。"

教师："就因为这个啊。我以前读书时数学也不好，但是后来经过努力，我的数学成绩就很棒。你看，我现在还成了数学老师呢！"

学生："我行吗？"

教师："你也可以啊，你是最棒的，关键是你要相信自己才行。"

启示：有效真诚的沟通可以唤起学生对求知的渴望，树立学习的信心；同理心包含着温度与关爱；同理心，是一座心灵桥梁，它能把两颗心连通，产生心灵的呼应和共鸣。

拥有良好的同理心，也就拥有了感受他人、理解他人行为和处事方式的能力，我们不仅可以知道对方明确表达的内容，还能够更深入地理解并把握对方隐含的感觉和想法。同理心因此能够成为我们与他人之间得以顺畅沟通的心理桥梁。

案例 3：

李嘉诚在谈完生意签合同前总是"若有所思"。有人问他：你的头脑如电脑，你在"算"什么？李嘉诚回答："我在算对方的利润。如果这笔生意他挣得比较少，我就要让利。"

启示：做生意挣钱总是多多益善，李嘉诚如此为他人着想，不是吃亏了吗？其实，李嘉诚真是具有大智慧，他懂得换位思考，否则他不会成为亚洲首富。有人问李泽楷："你的父亲李嘉诚究竟教会了你怎样的赚钱秘诀？"李泽楷说："父亲从没告诉我赚钱的方法，只教了我一些做人处世的道理。父亲叮嘱过，你和别人合作，假如你拿七分合理，八分也可以，那我们李家拿六分就可以了。"细想一下就知道，李嘉诚总是让别人多赚两分，每个人都知道和他合作会占便宜，就有更多的人愿意和他合作。如此一来，虽然他只拿六分，生意却多了一百个，假如拿八分的话，一百个会变成五个。奥秘就在其中。有些人犯下的最大错误就是过于精明，不会换位思考，总是千方百计地从对方身上多赚钱，以为赚得越多，就越成功，结果是，多赚了眼前，输掉了未来。

世事洞明皆学问，人情练达即文章。生活中处处有换位思考，我们每个人都要重视同理心，学习同理心，并善于运用同理心原理，经常换位思考，时刻反省自我，真诚交流，真情流露，相信一定能够赢得他人的信任，从而不断走向成功。

单元四　共情能力培养

学习目标

1. 理解、掌握人际沟通中正确的态度和方法技巧。
2. 体验共情的重要，激发同学间友爱之情，提高交往的主动性。

知识储备

一、共情能力对中职生的作用

（一）促进中职生的人际交往

拥有良好的人际关系是中职生有效学习和身心健康的重要条件之一，然而在现实的人际交往过程中往往会出现一系列问题。因生理上的变化而带来的"成人感"、渴望独立、出现叛逆期等诸多原因，中职生与父母、老师和同学产生种种矛盾，共情能有效改善这一境况。

中职生共情能力具有人际关系协调作用。共情对于中职生建立良好人际关系是不可或缺的，通过共情能够走进他人的内心世界，了解其真实想法，进而产生共鸣。与父母共情，意识到幸福生活的来之不易和父母无私的爱，才能更好地沟通，逐渐减少隔阂磨平代沟；与老师共情，体悟老师的心血，懂得理解关心老师，认真参与课堂学习和讨论，实现有效的师生互动；与同学共情，共同体验喜怒哀乐，心与心的交流让他人感到舒适，产生倾诉欲望，搭建友谊的桥梁。共情促进中职生人际交往，人际关系因共情更加稳固。

（二）中职生亲社会行为概率提升

共情是亲社会行为的直接动机源和促动剂。中职生的共情能力，使得他们能够敏锐地觉察到他人的困境和情绪，开始设身处地思考。思他人所思，感他人所感，将自身代入共情对象，进而激发利他动机产生亲社会行为。培养亲社会行为倾向对中职生而言意义重大。生活中类似新型冠状病毒肺炎疫情这样的突发事件和不可抗力事件不胜枚举，共情对于这些事件产生的无法避免的消极因素的作用不言而喻，它在一定程度上增加了中职生亲社会行为发生的概率，从而营造了良好的社会风气，促进了社会和谐。

二、提高中职生共情能力的措施

（一）社会实践

社会实践能快速提高中职生的共情能力。在面对面的社会活动中，中职生可以接触到社会上不同群体、不同角色，比课堂上的角色扮演更加直接真实，效果更为突出。积极参加志愿者服务，极易感知弱势群体的处境，与被服务者产生共情。如在养老院帮助失独老人，中职生会感同身受，体悟他们的孤独与悲痛；在火车站帮助不懂操作的外地务工人员购买返程票，可以感受到他们回乡的焦急与迫切。此外，参加研学活动是一个展现自我、锻炼交往能力的好机会，在这一过程中可以找到更多志趣相投的伙伴，互相沟通，这将极大促进共情能力的提高。

（二）学会换位思考

在学校生活中，中职生难免与教师或同学发生矛盾。如果能理解对方内心的情绪与感受，双方的心会靠得近一些。通过师生互动，学生亲身体会教师的情绪和难处，进而认识到自己平时常犯的错误，乐于接受老师的批评，真正做到了对他人想法的共情。中职生要提高准确理解他人想法的能力，概要地归纳并说出对方所讲的主要意思，与对方进行核对。如果对方认为你已经明白了他的话，那么双方的气氛就会改善，距离会拉近，从而消除敌对的或紧张的气氛。只有中职生能理解对方内心的情绪与感受，用关心和尊重的态度来表达对对方的理解，才真正做到对他人的共情。

（三）学习倾听技巧

倾听是共情的基础，通过倾听他人的言语和情感，中职生可以更好地理解他人的内心体验。学习倾听技巧可以帮助中职生更好地与他人交流，包括主动询问、积极反馈、有效沟通等。只有通过倾听，才能真正理解他人的情感和需求。

单元活动

1.活动主题

共情能力。

2.活动目的

（1）了解共情的重要性。

（2）提高共情能力。

3.活动方法

（1）团体游戏。

（2）心理体验。

（3）讨论交流。

4.活动程序

活动 （40分钟）	步骤	活动资源
导入环节 （5分钟）	热身游戏： 　1.喂水游戏：两个学生一组（在分组和划分角色前先不公布游戏内容），一个同学负责接一杯水喂另一个同学喝，不允许交流。这个游戏主要是看喂水同学能不能在整个环节中考虑到喝水同学的感受，并让喝水同学很舒服地把这杯水喝下。游戏结束后询问喝水同学的感受和喂水同学都考虑了哪些方面，一般会考虑水温、水量、喂水的速度等。 　游戏目的：通过此游戏让学生初次体验站在对方角度来为对方着想所获得的感受。 　2.吐露心声，寻求共情：教师诉说自己的烦恼，如教师每天辛辛苦苦地教书备课，但总有几个学生上课不能认真听，作业也不及时交，这使老师很不开心。	附件3-9
活动形式 （25分钟）	一、我猜猜 　三人一组围坐在一起之后，请同学A说一下最近发生的一件事，由同学B辨识这件事引起他的情绪是愤怒、伤心、快乐、紧张、烦躁等，而同学C担任唱反调角色，所说的与同学B完全相反，甚至是毫不相干的事情。同学A面对两个同学的描述，再叙述他自己内心的感受如何。 　目的：通过此环节，同学们发现，当内心的感受被别人理解时，会觉得非常开心，而当内心的感受被别人误解甚至忽略的时候，会感到很沮丧甚至是愤怒。这种站在当事人的角度和位置上，客观地理解当事人的内心感受，且把这种理解传达给当事人的沟通交流方式，叫作共情。 　二、换椅子 　1.教师首先自己角色演练，一人分饰教师和学生两个角色，利用两张空椅子来进行自我分析，分析自己烦恼的根源。 　2.鼓励一两个学生说一说自己对自己烦恼的看法。 　3.建议学生在纸上写下换位前后的想法。格式如下：当时我是这样想的……"换椅子"后我想…… 　4.小组内交流： 　（1）现场演练：把自己的想法通过两把椅子表演出来。 　（2）鼓励学生走出座位，找到与自己有矛盾的伙伴，说一说自己的想法，争取和对方重归于好。	教师指导，全体学生参与
活动总结 （5分钟）	通过刚才的体会，我们发现，如果我们能为别人多想一点，就能拉近我们的距离，让心靠近。今天我们在一起共同感受了共情的重要性，希望同学们能把今天所体验到的运用到日常学习生活中去，愿我们在今后的生活中，多一些交流，少一些隔阂；多一些沟通，少一些误会；多一些快乐，少一些烦恼。	多媒体教学平台

续表

活动 （40分钟）	步骤	活动资源
自我评价 （5分钟）	1. 今天我学到的是：_____ 2. 这次活动给我印象最深的是：_____ 3. 这次活动给我的感受是：_____ 4. 我想对老师说：_____	多媒体 教学平台

5. 活动建议

活动	建议
我猜猜	教师做好学生分组，尽量让班级中较少发言的学生参与课堂活动，充分照顾到不同性格的学生。
换椅子	教师要做好示范，一方面是让学生明确规则，另一方面是让学生自行观察教师是如何做的，减少活动失误带来的困扰或伤害，推动课堂教学活动顺利开展。

6. 活动延伸

活动	内容	建议
填写"共情需求条"	当老师准备发言时，我想：如果我是他（她），我需要_____ _____ 当同学出糗时，我想：如果我是他（她），我需要_____ _____ 当很多人给某个同学取外号时，我想：如果我是他（她），我需要_____	鼓励学生多角度填写。
填写"共情需求条"	当妈妈反复叮嘱我好好学习，我觉得烦时，我想：如果我是他（她），我需要_____ 当父母满脸疲倦回家时，我想：如果我是他（她），我需要_____ _____	鼓励学生多角度填写。
共情能力小测验 （附件3-9）	通过场景模拟，测验学生的共情能力。	学生自行填写，并根据测验的结果找出自己需要改进的地方。

附件3-9 共情能力小测验

按语：请设想自己是一位六七岁小男孩的父亲或者母亲。这个小男孩特别贪玩，喜欢到处乱跑。星期天，你准备带他去很远的一个公园去，走之前，特别叮嘱他："不要到处乱跑！"

可是刚刚到了那个地方，小男孩一转身就不见了。你们就开始找，找了一上午，却不见踪迹，一直找到黄昏。正在最着急的时候，你看见远远地有一个人牵着一个小孩走过来，你跑过去一看，那就是自己的小孩，请问，此时你对他说的第一句话或第一个动作是什么？

常见的答案有这些，你看看自己是不是？

1."你跑哪里去了？"

这是在责怪、质问。

2."不是告诉你不到处乱跑吗？"

这是在讲道理、责怪。

3.啪啪两耳光打了再说。

这是在发泄愤怒。

4.抱住他哭，什么也说不出来。

这是悲伤等情绪被触动。

给出以上答案的人，他们所体现的状态首先都没有换位体验。人本能地要以自我为中心，而只有超出这个中心，才能够做到换位体验。要做到换位体验，首先需要站在小孩的角度，体会他的情绪和状态。小孩丢了大半天，其情绪和状态主要是什么呢？肯定是恐惧、害怕、焦虑、着急等。所以，大人的行为要与小孩共情，首先要做到安抚其情绪。

这个测验有一个参考答案。如果做了换位体验，很容易想到和做出来：要安抚其恐惧、害怕、焦虑、着急等，身体语言比口头语言更重要，大人可以先抱住小孩，说一些安慰他的话，比如"孩子，找不到爸爸（妈妈）吓坏了吧，我也一直在找你，可把我急坏了！来抱抱，别怕！"

那么作为"大人"的自己，我们的情绪怎么处理呢？可以把自己的担心告诉孩子，但是最开始应该做的是安抚孩子，因为孩子如果没有被大人安抚的经验，并不具有安抚自己的能力。

很多人都喜欢分析别人，头头是道，但是全都是理性分析、利益分析，缺乏感性分析的能力，所以经常会误解别人，甚至树假想敌，这些都是因为没有共情能力。共情能力 = 感性体验对方 + 理性认识对方。